MAX WEBER

マックス・ヴェーバーの遺したもの

現代社会における
ポスト合理性の問題

土方透［編著］

K・アッハム／J・ヴァイス
姜尚中／荒川敏彦／細見和之

聖学院大学出版会

緒言　ポスト合理性の合理的記述

ポストモダンの「脱構築」に象徴されるように、知の根拠づけの問題はアポリアに陥り、存在論的思考の隘路は決定的なものとなった。あらゆる根拠づけの問題が、隘路に入りこんだ。また文化人類学の諸成果をはじめ、ユーロセントリズムに対する批判、はたまたイスラム世界が注目される諸事態にあって、価値の多元化・相対化が指摘されて久しい。いまや、「合理性」という表象とともに進展してきた社会の自己理解とその確信は、さまざまなレヴェルで動揺させられているのではないか。

たとえば学問のレヴェルでは、近代の見直しの議論に秘められた古代・中世への回帰ないし憧憬（一部のポストモダン論あるいは最近のグノーシスの議論）、「原理なるもの」に定位したエコロジーや環境倫理の議論、ネオ自然法、あるいは前提としてのモラルの復権などの事態が挙げられよう。また一般の社会においては、自然に対する畏敬の念、人間の尊厳、道徳への回帰などの強調、ドイツ「緑の党」等に見られる原理主義的な環境運動、さらにはファンダメンタルな宗教セクトないしカルト運動などの隆盛、政治におけるカリスマ登場への期待も、見受けられるところである。もとより近代は、そうした諸価値の根拠の無根拠性を説き、脱存在論化してきた。にもかかわらず、そのようなものに依然として、あるいはいままさに定位しようとする動きがある。その意味では、まさに「反動」である。

かかる「反動」の諸形態を、便宜的に「ポスト合理性」と呼んでみることにしたい。それは、「合理性」議論の内包ないしはその延長線上に捉えられるものなのか、あるいはそれを跳び出たものなのか。つまり、従来の合理的ならざるものとは異なるのか、異ならないのか。いずれにせよ従来の議論の枠内には収まりきれない事態が、(社会において)より頻繁に指摘され、(学問においても)より強力に主張されているのではないか。

本書は、かかる「ポスト合理性」を、マックス・ヴェーバーの議論からあぶり出すことを目的とした。冒頭の二つの講演、すなわちカール・アッハムおよびヨハネス・ヴァイス両教授は、どちらも「合理性」の限界ないしは境域について、あるいは境界において議論を展開する。コメンテーターは、講演者に対して、それぞれが立脚する立場から、さまざまな手法で「揺さぶり」をかける。講演者からは、さらにリプライがなされ、このテーマをめぐるひとつのコミュニケーションの円環《サークル》が立ち上がっていく。

そもそも、議論とは「合理性」に定位し、それに基礎づけられた所作である。そこで構築されていくコミュニケーションの「成果」は本来、合理的に構成されるはずである。ここで「はずである」と記すのは、扱われているテーマが、合理性の枠に収まりえないものとその抽出だからである。ここにゲーデル流の「不完全性（Unvollkommenheit）」が生起する。すなわち、ここでの議論は、合理的でも非合理的でもあり、かつ合理的でも非合理的でもない。けっして別の組み合わせ、すなわちノーマルな組み合わせ（合理的であり非合理的でない、あるいは合理的でなく非合理的である）ではない。こうして、一つの体系のなかで証明することも否定することもできない事態が導かれる。

　したがって、本書を通してなされる「解明」の総体は、ある種の「心地悪さ」を提示することになる。合理性の記述を合理的に行うということは、そもそも合理的なのか（合理性の自家撞着ではないか）。記述というものが合理性に定位して行われるという前提からするならば、合理的ならざるものを記述することは、そもそも不可能ではないか（合理性の横暴ではないか）。

　読者におかれて、この「心地悪さ」を、かかるテーマに関わる議論の必須の、不可欠の前提として読んでいただくことはできないだろうか。なぜなら、それは「語りえぬものを語る」という思弁的な理由からだけではなく、いまわれわれの社会に示されている諸状況が、けっして心地の良いものではないという確かな感覚・感情からである。理論によって、その「秩序だった伽藍《コスモス》」を維持するように完結し、また一致したないしは一方向的な論理を示していくことも可能である。しかし、いま必要なことは、理論によって描出しきれない、かかる心地悪さを示唆的・暗示的にでも示していくことではないだろうか。

もとより、近代の主導原理たる「合理性」からはみ出たものを記述しようという試みそのものが、いま述べてきたようにパラドクスなのである。そのパラドクスから目をそらさず、つまりそれを回避しようとはせず、正面からこのテーマに関わるとき、実は演繹的であれ帰納的であれ、なにごとかを展開するかたちであれ反省するかたちであれ、「近代」が浮き彫りにされ、したがって近代における「近代ならざるもの」が、おぼろげながら浮かび上がってくるのではないか。それにいくばくとも成功したならば、この試みには意味があったと考えられよう。

土方　透

目次

第Ⅱ部

第Ⅰ部

Rationalität als Handlungs-, Geschichts- und Erklärungsprinzip: Betrachtungen zu Max Weber

行為、歴史、および説明の原則としての合理性

——マックス・ヴェーバーに関する考察——

カール・アッハム
渡會　知子　訳

マックス・ヴェーバーが、合理性に関する傑出した社会学者として有している意義は、次のことにある。すなわち、自然の科学的理解とその技術的支配をまずは可能にし、やがて社会の科学的理解とその社会工学的な制御をも可能にしたこの文化が、一体どのようにして成立しえたのかを解き明かす理論を示したことである。ヴェーバーは、一方ではデカルトやライプニッツのような偉大な合理主義哲学者が、他方ではガリレイ、ニュートン、ダーウィン、あるいはスミス、トクヴィル、ジョン・スチュアート・ミルのような自然および社会に関する偉大な経験的研究者が近代的思考の内部の観点として提示したものが、いかにして文化現象として可能となったのかを、

いわば外部から説明しようとした。

西洋の歴史のなかで、また次第に世界規模で生じた合理化は――それは実験科学と世俗化のほかに、とりわけ近代の資本主義をもたらしたのだが――、ただし、ヘーゲルの方法におけるように「作用する（arbeitender）」集合概念なのではない。ふさわしいのはむしろ、よく知られているように、ヴェーバーの次のような見解である。すなわち、社会学もまた、行為の分析において諸個人から出発するかぎりにおいて――方法論的個人主義という意味で――、認識上の価値を主張することができるという見解である。彼が合理性問題の解明において諸個人の合理的行為とそれに関する言明とを出発点としたのも、この意味においてである。

1　行為と言明の合理性について

a　行為の合理性（人間行動学的合理性）

経済学においてはほぼ一般的であるように、ヴェーバーにおいても、ある行為は、それが行為者によって追求される目的に客観的によく当てはまっている場合に、合理的であるといえる。手段と目的の最適な適合は個人を通して行われ、その結果、自らの好みに見合うもので、しかし投入された手段をもっとも倹約的に用いるものが、他のあらゆる開かれた行為可能性に対して優先されることになる。

今日の経済学者たちは、一般的に、目的に関して合理性概念を適用することはない。というのも、合理的だとみなされるのは手段の適切な分配であって、目的そのものではないからである。哲学では、これについて「道具的理性」を語り、ヴェーバーは「目的合理性」について論ずる。ヴェーバーにおいても、合理的な目的が問題となっているのではないが、しかし彼ならばおそらく、ある行為者が矛盾する目的を追い求めていたり、あるいはその好みがばらばらだったりするなら、その人は非合理的だと言うだろう。ヴェーバーはしかし、よく知られているように「価値合理性」についても論じていた。それによって彼は、目的ではなく価値に向けられた行為を示そうとしている。目的合理性において手段が目的に対してある特定の関係に置かれているのに対して、価値合理性においては、（行為によって実現されるところの）目的が、価値に対してある特定の関係に置かれている。すなわち、後者によって前者に（そして行為全体に）意味が与えられるのである。[1] ただし、ヴェーバーの「価値合理性」は、諸価値の規範的妥当性の証明が論理と経験的科学という手段によって可能であるという意味で、諸価値の合理的根拠づけが可能だと言っているのではない。

「価値」というのはいまや、日常語のなかでかなり曖昧な概念となっている。というのも、それがわれわれの行為の非常に多様な側面と関係するためである。たとえばそれは、物質的な、あるいは規範として定式化された観念的な手段（具体的には、工具や、あるいは勤勉さや節度といった特定の美徳や態度）に関係しており、また目的（栄養摂取や経済的な利得）と同様に行為の観念的な目標（自由、仲間精神、真理の認識、美、生きる喜び、名声や栄誉といったような上位のあるいは強調された意味での価値）とも関係している[2]。さらには、適切あるいは不適切な手段行使や、規範への正確あるいは不正確な追従に結びついているポジティブな――また、逸脱行為の場合には――ネガティブなサンクションとも関係がある。結局のところ、私たちは、時として行為の全体的な経過を、目的や目標の実現を可能にするような価値あるいは何らかの価値あるものとみなしている。ヴェーバーが価値合理性に関する説明のなかで「価値」について論じているとき、彼は行為の外在的な価値と内在的な価値の両方を意味しているのであり、すなわち、一方で（達成された）上位価値（Höchstwert）と、他方でこの上位価値を実現するための行いとを意味しているのである（ヴェーバーにおいてはしばしば、この行為先導的な上位価値には「理念（Ideen）」が、また逆に目的には「利害関心（Interessen）」が対応している）。

ヴェーバーは、行為概念の有名な定式において「主観的意味」に強調点を置いたが、このことは、個人の「行為」が、彼においては明らかに（行動主義的意味での）単なる反応行動とは区別されうるということを示している。社会的行為者は、手段と目的を結びつけるだけではなく、自らのまわりの社会状況を解釈するポジションにも立っている。社会的行為者が合理的主体であるのは、この意味においてである。[3] ヴェーバーは、合理的行為をこのように概念化することによって、合理性議論に関する二つの学派の交わる地点に立っている。すなわち、十九世紀の伝統主義者と、より新しい、ヴェーバー以降の時代に分類される反伝統主義者との交差点である。

伝統主義学派の支持者たちは、とりわけ以下のような条件を、ある行為が合理的と言われるための必要条件だと考えている。すなわち、行為者が、経験的に裏付けられた想定に立ち、それが自ら定めた目標と手段を相互に結び付けていること。行為者が、明示的で一貫した優先順位に基づいていること。自らの行為状況に関連する諸要素および決定による諸帰結について、決定の瞬間に十分な展望をもっていること。そして、追い求める価値があると考えられた状態のために決定を下した瞬間から、その状態が達成される瞬間までのあいだ、しっかり機能する戦略的な方策について知識を有していること。

官僚主義的な組織のなかで決定を下す人たちの合理性について論じる「限定合理性」理論の主唱者たち（たとえばハーバート・サイモン[4]）は、厳格な合理性概念を弱めて捉えている。そして、適切な情報、厳格な序列、優先順位の一貫性、自らの行為の帰結を判断する能力といった、前述の（理想的な）諸条件が、実践においてはまったく実現とは程遠いものであるということを主張する。合理性概念そのものから、このようにして、目的との関係における手段の適切さという意味についての定義問題が生じる。というのも、上述の諸条件が同時に満たされることはほとんどないからである。

伝統主義的な厳格な合理性概念に対する批判については、社会学理論やゲーム理論、政治学といった領域のさまざまな論者が次の点において一致している。すなわち、彼らはみな、合理性概念に唯一の一般的な定義があるということを否定し、反対するのである。というのも、特定の状況下では、生じうる損失を最小化しようとすることが、手にしうる利得を最大化することよりも「合理的」でありうるし、また他の状況下では逆に、可能性に応じて利得を最大化することが合理的でありうるからである。また別の観点からも、合理性概念は合理的に、つまりそのつどの状況の構造との関連で導入されなくてはならないだろうといわれる。つまり、目指された目的を実現するスピードが問題となっているような場合にはである。すなわち、特定の状況下では、段階的に実現していくやり方が好都合な結果をもたらすのに対して、別の状況のもとでは、そうすることによって逆に、自らの影響下では取り返しのつかないような崩壊過程が生じてしまうことがある。結局のところ、「合理性」が何に帰されるのかということもまた、行為者の生活状況やそれと結び付いた固有の属性に左右されている。つまり、もしある人が貧しいならば、相当の利益の獲得を期待して少なからぬ金額を長期にわたって賭け事に投じるのは非合理的でありうるが、他方、同じ行為を裕福な人が行ったならば、まったく合理的に見えるものである。

ラディカルな反伝統主義学派の信奉者たちは、いま見てきたような批判を超えてさらに進む。

彼らは、行為と反射的な行動との間の区別をとくに重要視し、マックス・ヴェーバーの非行動主義的見解からスタートするのだが、しかしヴェーバーを越えて論を進めている。というのも、(行動の非反射的な形式としての)行為というのは、こうした考え方によれば、次のような条件のもとで合理的だといえるからである。すなわち、行為が行為者の身の回りの環境に適っている場合。その環境が、行為者がそうだと考えているところのものである場合。彼が環境について想定していることと、そのなかで行いたいと望んでいることとが、行為の理由を成している場合。反伝統主義的立場を批判する者は、それでは精神の変調による行動も合理的だとみなすべきなのかと論争的に問うかもしれない。それに対して反伝統主義者は、いくばくかの正当性をもって「そうだ」と答えうるだろう。というのも、いい精神科医の能力というのも、結局のところ、部分的にはこうした考えに基づいているからである。さらには、ある被観察者の行動を非合理的だと解釈する観察者は、それをしばしば不当に行っているということも指摘されうる。というのも、観察者は、自らの固有の状況の解釈と所与性とを、被観察者のそれに投影してしまっているからである。

伝統主義的な合理性概念の強みは、合理性の理念的基準を規格化したことにあり、それは——もし合理性が、「限定合理性」理論もその一つであるような不確実性のもとでの決定に関する理論という意味で部分的に和らげられるなら——強い合理性や弱い合理性といったさまざまな程度を特徴づけることを可能にしている。これに対して、伝統主義的合理性概念の弱点というのは、以下の点にある。すなわち、その観念的な想定が、現実にはほとんど生じない状況配置においてしか実現可能ではないということ、すべての理想的要素がほぼ同時に実現するのは非常に稀であるということ、そして厳格な合理性概念のいくつかの理想の実現は、特定の状況においては行為者にとって厄介であるか、あるいは不利でさえありうるということである。

反対に、反伝統主義的な合理性概念の強みというのは次の点にある。すなわち、多くのいわゆる非合理的な行動が、実際、弱い合理性あるいは部分的な合理性としてみなされうるということにある。そして、それは時として、非反射的行動を、たとえそれが馴染みのないものに見えたとしても、あたかも合理的であるように扱うというコミュニケーション関係を可能にすることに貢献する。反伝統主義的な合理性概念の弱点は、逆に、行為の追体験可能性という基準に無理を強い、それを「より高次の秩序」の「明白な」行為規則へとまったく恣意的に分類してしまうことになりかねないことにある。結局のところそれは、パーシー・コーエンが述べているように、理解可能性を支える現実的な手段である「あたかも～のように」という原則と、行動様式の特徴に関する実態的な言明とを混同してしまっているのである。[5] 反伝統主義的な概念については、後に、とりわけ現実の社会的構成という考え方との関連でもう一度論じる。

b　言明の合理性（認識論的合理性）

これまでは、合理性についての説明を行為との関連で行ってきた。合理性はしかし、言明に関してもいえる。この場合、ある言明（あるいは多くの言明）は、それが考慮された事情――モノ、行為、状況、出来事、等々――に関する知識と一致しているときに合理的だといわれる。その際、もちろん、「知識」という表現が、厳密に学問的な意味で理解されているのか、あるいは（学問「以下」の）実践的な認識や、またたとえば学問の成立、影響、妥当条件に関する（学問「以上」）のメタ学問的理論をも含むものとして拡大解釈されているのかということには区別がある。

ここでは、合理性概念が、人間行動学的ではなく認識論的な意味においてもたらす複雑な諸問題を仔細にわたって論じることはできない。しかしながら、前近代あるいは古代社会において見受けられる世界像や神話といったものが、合理的であるといえるのか非合理的であるといえるのかという問いをめぐって、近年の文化人類学および民族社会学の枠組みのなかで分岐しながら展開してきた議論のいくつかの側面を、簡単にではあるが示そうと思う。言い換えるならば、そのような、今日の学問的見解とは根本的に異なっている想定は、原則的に共約不可能であるのか、あるいは双方の見解の相違は、原則的というよりもむしろ程度の問題なのだろうか、ということである。

一方の見解に従えば、神話には、表出的機能を帰属させることができても、認知的機能を帰属することはできない。この場合、神話と科学において問題となっているのは、同一の議論の水準には属さないような、カテゴリー上異なる事態である。他方の、オーギュスト・コントに遡る観点によれば、神話において問題となっているのは、主体にとって認知的意味をもつような想定であり、ただし当時の発展段階における認知能力はまだ未発達であるとされる。こうした観点によれば、そこから帰結する幻想は、観察された主体の側にあるのであり、その際、主体は、当時の未発達の認識レベルに対して個別には責任がないかのように考えられている。さらに三つ目の解釈によれば、神話は厳密な意味で論理的であるとか経験的に正しい言明だとはみなされない。そうではなく、神話は、状況の意味を、メタファーやアレゴリー、アナロジーなどを用いて紡いでいくたとえ話の類であるとされる。そのようなものとして、神話はしかしながら説得力と蓋然性をもっている。つまり、限定された意味でのみ正しいだけだとしても、やはり重要なのである。このような機能的解釈に基づくなら、神話や信仰上の信念はまさに「合理的」であり、特定の人間たちが、自分たちの居場所が理解可能なやり方で象徴的に表現されているのだと思うことを可能にしている。神話は、彼らの特定の原体験に形を与え、彼らを取り巻く状況の説明として機能しているのである。エルンスト・トーピッチュは、神話と信仰上の見解の役割を「多機能的な管理システム」として研究し、そこでは情報伝達と行動のコントロール、そして感情的なリアクションが互いに関係づけられているとした。(6) 彼は、マックス・ヴェーバーのように、認識が他の機能——つまり、規範的で感情的価値をもった、古い世界観の形式が有する機能——に対してゆっくりと独立していく過程を、合理化の過程として描いた。

科学と神話が同等の価値をもつという意味での共約不可能性の理解については、後に、科学の合理的基礎づけに関する比較的新しい試みを説明する際に論じることにする。

2　宗教の脱魔術化と経済的合理性

デュルケームが、なぜすべての人間は合理的であるのかという問いについて答えを探そうとしたとすれば、ヴェーバーは、なぜ一部の人は他の人よりもより合理的であるのかという問題に取り組んだといえる。どちらの社会学者も、宗教を理性の起源だとし、また理性が自己展開していくための決定的な原動力であると見ている。周知のように、ヴェーバーはある特定の宗教的伝統に、一般的な合理性——デュルケームはこれに『宗教生活の原初形態』において注目したのだが——を何か新しいものへと変貌させる性質があると見ている。科学的合理性によって、経済や国家、法といったさまざまな公的組織に課せられた規律は、人間の認識力、組織力、そして生産力を著しく拡大する要因であったのと同時に、ある種の強制と社会的義務のもとともなった。

ヴェーバーは『宗教社会学論集』の序論の書き出しにおいて次のように問うている。すなわち

「いったい、どのような諸事情の連鎖が存在したために、他ならぬ西洋という地盤において、またそこにおいてのみ、普遍的な意義と妥当性をもつような発展傾向をとる文化的諸現象――少なくともわれわれはそう考えたがるのだが――が姿を現すことになったのか」[7]と〔大塚久雄・生松敬三訳『宗教社会学論選』みすず書房、一九九七年、五頁参照〕。神が理性の源泉であり、また世界に合理的構造が備わっていることの究極の理由でもあるという想定から始めて、ヴェーバーが示そうとしているのは、次のことである。すなわち、世界の諸物に内在する神の理性をたどろうとする試みは、長期的には、信仰の内容から理解機能を切り離すという結果をもたらしたということである。しかし、彼の見解によれば、「世界の脱魔術化」と宗教的なものの世俗化という長い道のりの途中で、西洋文化にとって重大な変化、すなわち、世界の合理的秩序原理だけではなく、生き方の合理的秩序原理もまた宗教的に正当化されるという変化が起こった。こうして彼は、周知のように、近代の職業倫理と労働倫理および世俗内的生活の方法的原則を、カルヴァン派の天職（*calling*）という概念から導き出したのである。

ヴェーバーは、一九〇四年にアメリカ合衆国を訪れた際、そこでの事実について次のような印象をもった。すなわち、プロテスタントのさまざまな宗派のメンバーは、たしかに、諸々の儀式のなかで明らかに非合理的な行動をとってみせるものの、しかし、職業人としての役割においては、合理的で整然とした生活態度を体現しているのである。プロテスタンティズムと資本主義の関係のこうしたパラドクスは、周知のように、ヴェーバーにとって、意図的に行われた諸個人の行為が、集団の意図せざる結果に結び付きうることを証明する見本的なケースとなった。ヴィルヘルム・ヴントが「目的のヘテロゴニー」と呼んだもの、すなわち諸個人の行為の累積的効果は、社会的次元では、その傾向において必ずしも当人たちの意図や動機とは一貫しないということは、すでにヴィーコ、スミス、テュルゴー、ヘーゲルやマルクスにとってそうであったように、マックス・ヴェーバーにとっても歴史理論的な根本的確信を成していた。ゆえに彼は、プロテスタンティズムの倫理に関する有名な研究のなかで、次のことを強力に突きつけてみせたのである。すなわち、各々のピューリタンは、自らの行為を聖書に書かれているとおりに方向づけることによって、計り知ることのできない神の思し召しに従順であることを示していると信じていること、しかしながら彼らは同時に――もちろん微塵たりともそれを知っていたり望んだりすることなく――近代的な産業社会に不可欠の構成要素となっていくハビトゥスを形成し、特定の見解を強化することに寄与しているということである。ピューリタンと資本主義者は同じ言葉を話さない。というのも、彼らは自分たちの行為に、たしかに同じ目的を結び付けてはいるけれども、しかしながら最終的に異なる価値志向を、つまりそれぞれ異なる意味を結び付けているからである。別言するなら、彼らは異なる理念を信奉しているのだが、しかし共通の利害関心という次元で互いに理解しあっているのである。すなわち、一方が自らの領域で行うこと（つまり宗教的理由から行わなくてはいけないようなこと）は、もう一方が自らの領域で行うこと（経済的理由から行わなくてはいけないこと）と両立しうるということだ。節約、禁欲、勤勉といった価値を評価することは、両者に共通している。こうした美徳は、しかしながら、十六世紀と十七世紀には宗教を通して正当化されていたのだが、後世においては（今日においてもしばしば）、自由という政治的イデオロギー——その代弁者たちは、それをただ自由貿易と自由企業という意味で理解しているのだが——によって正当化されている。

ヴェーバーは、『プロテスタンティズムの倫理と資本主義の精神』のなかで、近代への発展のなかで重要な歩みを記したのがプロテスタンティズムの動態的な力、とりわけカルヴァン派のそれであったという確信に至り、こうして彼は、この証明を、アジアの偉大な諸宗教についての宗教社会学的研究のなかで、逆推論によって裏付けようとした。すなわち、彼の考えるところによれば、仏教とヒンズー教には、経済的成功を求め、合理的に規制された経済活動を行うという意味で人生を援護したり、そのような生き方を奨励したりするような倫理が欠けていた。ヴェーバーの解釈は、周知のように、異論の余地のあるものである。(8) ヴェーバーに対してもっともよく行われる批判というのは、彼が、プロテスタント的な禁欲主義が存在していたにもかかわらず、イギリスあるいはアメリカ的なスタイルでの資本主義の発展が起こらなかった国や地域、たとえばカルヴァンの故郷であるスイスであるとか、長老会派の十七世紀のスコットランドであるとかを、十分には調査しなかったというものである。また、ヴェーバーにとっての典型的人物像であるベンジャミン・フランクリンの生活態度は、禁欲的規範に沿うものとは程遠かったということも指摘されている。フランクリンは良い食事や良い酒を大いに享楽しただけではなく、私的生活においてかなり自己中心的に振る舞うことも稀ではなかったし、また、結婚生活から外れるさまざまな情事に巻き込まれてもいた(9)。

しかしながら、細部において否定できない誤りや足りない点があることを考慮してもなお、近世ヨーロッパの国々において馴染みのものになっていた市民特殊的な職業倫理や専門知識に基づいた労働関係の合理的規則といったものが、長い間、東洋には欠けていたという見解には同意することができる。ヴェーバーの世俗化に関する研究とそれによってもたらされた進歩的な考えは、西洋文化が、前期近代においてどのようにして他の高度の文化と異なっていたのか、そしてそれはどの程度であったのかということについての典拠を示した。そこで特別な役割を果したのは、国家と宗教の制御がある程度まで成功したことである(10)。そのような制御は、長い間もっとも合理的であるとされてきた古代ヨーロッパの文献資料やローマ法、そしてとりわけ近代科学の成立をもたらした哲学的伝統の影響のもとで行われた。このような法がさらに発展し、新たな関係性へと適応されるためには——そのようにヴェーバーはとりわけ法社会学的分析のなかで述べているのだが——、十九世紀の概念法学においてまだ見られた概念分析だけで満足するのではなく、法的規則が及ぼす制御効果について研究するような、そして後に実用的な学問的認識の導入や活用に至ったような、合理的法学が必要であった。

以上から示されるのは、ヴェーバーの業績というのは——細部における解釈の仕方で異論の余地はあるものの——差異を強調したことにあるということである。とりわけこのことは、進歩という考えの論述についていえ、それは後の関連研究に道を開くことになった。この考えのなかに、彼による西洋文化の合理化プロセスについての研究がもたらしてきたことのすべてが凝縮されている。それはまさに、近代西洋の歴史意識を解く鍵である。進歩概念というのは、今日的な捉え方では、世俗化されたユダヤ・キリスト教的な終末思想のこととされている。「進歩」とは、もともとは、カール・レーヴィットが印象的に示しているように、人間の神に通じる道のことである。(11) もっとも人気のあったイギリス・ピューリタニズムの宗教文学者であるジョン・バニヤンは、一六七八年に、『この世界から来るべき世界へ向かう巡礼者の進歩』〔訳者注＊〕(*The Pilgrim's Progress from this World to That which is to come*) というタイトルの本を出版し、それは非常によく読まれることになった。ここで来るべき世界というのは、もちろん彼岸のことだったが、後に、未来においてこの世に形成されるべき世界となった。それによって、超越的な人間規定は、世界内在的な人間規定に置き換えられ、未来に対する予期も世俗化された。このような進歩概念は、一七〇〇年ごろ、イギリスから北アメリカへと渡り、そこで多大な感情的意味を背負わされることになった。

他方、フランスでは、さまざまな技能や学問領域における個々複数の「進歩」（*les progrés*）が、十八世紀終わりにかけて、複数を含んだ単数（Singularplural）の「進歩」（*le progress*）へと収斂していった。プログレ（*progrés*）とは、フランス革命の時期には、ヌーヴォーテ（新しさ）（*neuveauté*）という言葉とともにやはりひとつの価値判断となっていく。これは今日においてもなお、異同がありつつも当てはまるだろう。十九世紀の三分の一が過ぎたころから、この概念はますます包括的になっていき、以来、個人や人間一般の道徳的十全さだけではなく、経済的、政治的、法的領域をも指すようになっていった。政治的自由、社会福祉と社会保障、科学の促進、民衆の教育と知識の普及。こうしたことがすべて、進歩あるいは進歩に寄与するものとなる。このことは、多くの人が考えているように、相互に関連しながらすべての領域で起こった。もともと――革命的な考えと密接に結び付いて――集合的意思の結果であると見えたものが、いまや、人類に備わった発展原則となり、人間つまり民衆が、その中枢を担うものとされた(12)。

もともと西洋のものであり、その社会学的な核心を西ヨーロッパおよび米国のブルジョア的な中流および上流階級にもつ進歩という考えは、やがて地理的に拡大伝播していった。帝国主義の時代以降は、社会的上昇、すなわち市民の「垂直移動」に、地理的な伝播、すなわち地球上に西洋的な思考様式と生活様式が伝播していく「水平移動」が重ね合わされた。だが科学と技術、ならびに政治、経済、そして文化といった領域の内容と組織形態の転移についての研究とともに、マックス・ヴェーバーの問題設定は、ここ十年ほど、新たな転換を迎えている。つまり、彼の関心は、今日であれば、アジアの台頭に向けられていただろうと思われる。

3　科学の脱魔術化とその意味

モンテスキューが、環境や条件のあらゆる相違にもかかわらず立法の対象に見られる不変量を探し出そうとしていたのと似て、ヴェーバーもまた、人間行動の合理化の形式と内容の共通性を探求していた。自らの環境のなかに合理的秩序を求める人間の欲求、すなわち人生をより良くより美しいものにするための認知的能力や手仕事の技巧に関する「知識」を保持したいという欲求は、どこにおいても、すなわち未開の民族においても、見ることができる。しかし、場合によって欠けていたもの、あるいは部分的には今日においても欠けているのは、ヴェーバーによれば、先述したような合理的労働組織や、特殊専門的な職業形態への分化、またとりわけ、この世界の利害関係に臨機応変に対応することを目的とした観察や実験の計画的な専門教育である。十七世紀のいわゆる「新たな科学」において最初のピークを迎えることになったこのような発展の出発点となったのは、異なる世界観の形式に対して、認識の独立が次第に完遂されていったことであった。すなわち、エルンスト・トーピッチュがマックス・ヴェーバーと観念的に近いところに立ちながら言ったように、「存在と当為、事実の言明と価値判断との間の根本的な相違」が次第に現れてきた。それによって、しかしながら、これほど長い間にわたって人間の思考をほとんど完全に占めてきた、世界の説明と価値規範的な解釈との推定上の統一には、根拠がないとみなされるようになった[13]。

このような過程で、自然科学は初めて、技術的に変換されたときに役に立つ認識だけではなく、自己像や世界像への貢献を通して、実存的な重要性をもつ認識を保証するようになり、この意味において非常に大きな意味価値（*Bedeutungswert*）を獲得した。というのは、人間にとって自然科学は、自分たちが宇宙のなかのどこにいるのかを示してくれるように見えたからであり、そのことは翻って、人間が、自らの行為に適切な方向づけを得ることを可能にするはずだと考えられたからである。自然科学によって明らかにされた自然の永遠の秩序に関する洞察からはまた、内的および外的秩序の安全を得ることができると考えられた。つまり初期の自然科学は、古いスコラ主義的な想定からきっぱりと縁を切ったからこそ、それだけ固有の意味価値をもつ認識を要求し、提供することになったのである。このことはとりわけ、アレクサンダー・ポープによるニュートンのための有名な墓碑銘に印象的に表されている。「自然と自然の法則は闇のなかに隠されていた。神は言い給うた。ニュートンよ、出でよ、と。そしてすべてが明るく照らし出された」。ここでは、フリードリヒ・テンブルックが解釈したように、もともと何が問題になっていたのかということがまさに言い当てられている。すなわち、神が「光あれ」と言ったときすでに、たしかに世界の諸物はすでに秩序づけられていたのだが、ニュートンによってようやく、この神的秩序に関する人間の意識が照らし出され、こうしてそれは意味深い宇宙体系となったのだ。ニュートンの行いはこうして、いわば、神が自らの天地創造の秩序について世界に知らしめるような啓示の、最後のひと押しとなった。「こうして、神が世界に必要とした光は、最終的にニュートンによってようやく人間にもたらされた。理解する存在にとって実質的な世界の創造は、自然科学によって遂行され、ニュートンによって完遂された[14]」。

このような関連において、教育学もまた初めて高い注目を集めることとなった。というのも、教育こそがいまやまさに救済の手段と見えたからである。教育はこうして、正しい信仰——つまり科学の信仰——への改宗、そしてまた社会的に処方された救済手段への改宗という世俗的な代替物となった。教育学が評価を得たのは、つまり、もともとは自然科学の意味価値の上昇と密接に結び付いてのことだった。このことは、十八世紀に急速に発展し、社会における人間行為とその所業を対象とした文化科学に対しても、次第に重要な関係をもつようになる。詭弁の時代にすでに、すなわち紀元前五世紀に、自然哲学の無益さから「万物の尺度」(プロタゴラス)としての人間へと問いが転化したように、自然科学の意味価値が薄れていったニュートン後の時代において、かつての自然科学によって作られた世界像からの強力な刺激をもとに、人間学や精神科学、社会科学といった固有の科学の専門グループが独立していった。そしてその帰結は、かつての自然科学の発見のときと似ていた。つまり、人間世界における最初の規則性が発見されたとき、たとえば、かつてニュートンにおいてそうであったように、アダム・スミスの周りには後光が差したようだった。というのも、彼の仕事が多くの人にとって、個人的ならびに集合的生活の正しい秩序に関する正当な解説書として受け取られたからであり、またそれがリベラリズムに規範的な根拠を与えたからである。それからしばらく時代が下って、コンドルセ、サン・シモン、コントらの時代に、人は同様のものを、社会的事象の自然法に関する洞察に期待するようになった[15]。

しかし、はじめは十分だった存在の意味問題に関する想定や、世界の秩序とそこにおける科学の役割に関する想定は、次第に幻滅を覚えさせるようになっていった。というのも、科学は分析のなかで自らの前で立ち止まることはなかったからである。感情と行為の方向づけを一方とし、認知と技術的な知識の応用を他方としながら、ますます進行する双方の乖離は、意味の知識（*Bedeutungswissen*）が効用の知識（*Nutzungswissen*）に席を譲り渡すという結果をもたらし、科学においても、宗教における脱魔術化と同じようなプロセスが進行することになった。すなわち、宗教の領域においては、救済という知識が世界内在的な進歩という考えに取って代わられること、つまり世俗化が問題となっていたのに対して、科学の領域においては、科学の意味価値が効用価値によって置換されることが、つまりフリードリッヒ・テンブルックが科学の進歩における「陳腐化のプロセス（Trivialisierungsprozess）」と呼んだものが問題となっていた[16]。個々の科学的ディシプリンが、自らの方法だけは行為とその意味を確認するのに向いていると、ある種の権限シヨーヴィニズムでもって要求したところで、こうした陳腐化からは免れえなかった。科学の意味価値を方法として一時的に擁護しようとしたのは、特定の科学哲学の諸派だった。しかしながら、ここでも、「カリスマの日常化」（マックス・ヴェーバー）のひとつの帰結として、約束は失望に終わることになった。

もちろん、マックス・ヴェーバーと彼による学説についての画期的な諸論考とを考慮するなら、完全かつ決定的な陳腐化というものがそもそもありうるのかどうかという問いが生じる。というのも、方法論とイデオロギー批判、そしてある種の実存社会学との間に位置するようなヴェーバー的タイプの学説は――それがポジティブな意味設計を与えないとしても（そして与えまいという意図があったとしても）――、方法論という衣をかぶったイデオロギーに対する感受性をもつことによって、やはり価値があるように見えるからである。このことは、研究技術上の効用知識についてだけではなく、間違った意味要求を批判する意味知識についてもいえる。

ヴェーバーは明らかに、あらゆる種の単線的な因果説明に反論していた。そしてたとえ彼が宗教的観念に対する経済的発展の影響を明らかに重要だとみなしていたとしても、その観念がただ経済的状況からもたらされたというのは、彼にとってはまったく事実に即さないものに見えた。

唯物論的にも理想主義的にも、社会発展の説明を唯一のファクターに求める理論を棄却することによって、彼は、自らが多元主義的な説明アプローチをとることを示した。すなわち、因果的な影響関係としては、とりわけ経済的、政治的、文化的、科学技術的事情が関係し、またそれは説明項としても被説明項としても関係していると考える。文化変容に影響を及ぼす合理化の過程も、目的論的な「発展法則」として理解されるのではなく、長期的に効力を発揮する歴史上の傾向として、しかもそこから主体の積極的役割がけっして締め出されるわけではない傾向として理解されている。この積極的役割には、特殊な決断状況の構造に対するさまざまな反応が含まれる。そしてそれらは、純粋な主意主義から、非常に限定された、まさに強制ととれるような行為やルーティン――極端に手段を欠いていたり、情報が限られていたり、またそれによって行為のオルタナティブが失われている場合に特徴的である――までを含んでいる。こうして、ヴェーバーの社会学は、起こりそうなことと確実なこととの両極の間を、また積極的行為者としての個人と、社会――とりわけそれがもつリソースと行為者に向けられた規範的期待によって特徴づけられる干渉関係構造としての社会――の間を往還する。(17)

ここで私たちがすでに扱い始めた問いは、ヴェーバーにとっても喫緊のものだった。そして彼が『職業としての学問』という論文のなかで自ら出した解答は――少なくない人がそう見ているように――まったくそのアクチュアリティを失ってはいない。ここでの問いというのは、つまり、陳腐化の時代における学問の意味をめぐる問いである。言い換えるなら、それぞれにとっての事実を研究し、それらの関係に注目し、自分の知識を重要だとみなし、そのことを特定の目的の実現という点で証明してみせることはできるけれども、いかにしてわれわれが生き、そして何をするべきなのかという問いについては重要性を立証することができない個別学問しかなくなっている時代に、いったいどのような意味を学問はまだもちうるのか、という問いかけである。ヴェーバーは、このような問いに学問の側から答えることを期待するのは、場違いであると考えていた。それでも彼は、フリードリッヒ・テンブルックがマックス・ヴェーバーのかの有名な論文のあとがきで述べているように、学問に関するそのような見解で肩をすくめて終わるのではなく、その文化的条件を問うた。「というのも、世界の脱魔術化によって人間は、学問が判定できないような秩序と価値の争いのなかで、無防備にされてしまうからである。……導いてくれるのは自己規定という言葉であり、それは自らの固有の行いの最終的な意味については、自分で解釈を行わなくてはいけないという要請に通じている(18)」。

ヴェーバーによれば、ここで突きつけられているのは、学問がわれわれを解釈義務から解放してくれるのではなく、われわれがそれを自分で行わなくてはいけないという事実である。このことは、決定を科学によってあらかじめ形成しておきたいと思う人にとっては、もの足りなく感じられるかもしれない。しかし、ヴェーバーが言うように、人生が「自然の出来事のように導かれるのではなく、意識的に営まれるべきである」[19]ということを不可欠のものと考える人にとっては、十分に警告となる。同様の問題については、この論考の最後でもう一度言及する。

4　科学の合理的根拠づけをめぐるいくつかの新たな試みについて

認識の基礎がもっぱら科学的手続きによってのみ形成されるという主張は、それが科学の内部で行われるならば、自己関心が強いように受け取られる。また、科学がアクセスすることのできるリアリティがリアリティの総体であるという形而上学的な想定とも結び付いてしまう。では、科学的理性に合理的根拠づけを提供する合理性というのは――もし合理性が循環的な企てではないのだとしたら――いかにして考えられるのか。

知識の根拠づけは、世俗化の時代においてはもはや、超越的オーソリティに依拠して行うことはできない。そうではなく、われわれのロイヤリティ、すなわち人種、階級、進化あるいは衝動などについてより強い関連をもっていると想定される世界内的なファクターに関して行われる。このような類の還元主義に――ニクラス・ルーマンが示したように[20]――、イデオロギーのある特定のバリエーションの根がある。それは偏見をもたない思考や経験といったものをもはや真面目に想定することはない。あるいは、ともかく、もはや日常的な「名目価格」を想定するのではなく、意識的な経験の外にある原因からの影響を説明することによって、その背後にある「実質価格」を探究する。この意味において、イデオロギー的思考とは、単に見た目だけ自律的な意識が、「本当の」存在へと帰せられるような還元的思考なのである。これについてルーマンは、次のように述べている。「ここにおいてマルクスは歴史的位置を占めている。彼は破壊的な因果説明を行ったが、彼の論争的な重量感は、まさにそのことに負っている。他の思想家たちも、まったく同じやり方をしている。デュルケームとその影響を受けたフランスの知識社会学は、ある社会における社会的諸関係から彼らのロジックや思想世界を導き出した。ダーウィンは、行動の意味を、生物学的生存のための機能に結び付け、フロイトはそれを本来的あるいは抑圧されたリビドーの機能に結び付けた。そしてウェブレンは、社会的威信を求める欲求充足の機能に結び付けている。行為の思惟された意味は、このような説明によれば、もともとの動機がうわべだけ『合理化』されたものだということになる[21]」。

こうした考え方をする論者たちは、自らの学問的手法の認識論的優位を確信しており、合理性という概念が経済的、生物学的、心理学的あるいは物理的概念へと置き換え可能でないかぎりは、それを拒否する。このような還元主義は、しばしば単線的な因果説明と結び付きやすく、このことはすでにヴェーバーにおいても批判の対象となっていた。すなわち、こうしたケースにおいては、はじめは直接経験されていた現象、状況、出来事などの意味が、経験されていない観点に結び付けられているというのだ。このように、科学によって見出されたより底辺の層を「本来の」現実だとして日常の知識を根拠づけることは、二重の意味で、相対化（relativieren）することである。一つには、先述のような「関係（Relation）」を生み出すことによってであり、もう一つには、もともとの経験内容の価値を「相対主義的に（relativistisch）」引き下げることによってである。

ある種の行動主義的また自然主義的（物理主義的）説明アプローチを前にして、マックス・ヴェーバーは、彼の「理解社会学」と「現実的理解」および「説明的理解」の手続きによって、理解をカテゴリー上別種の変数に結び付けることなく、意図と動機との関連のもとで社会的行為を再構成することを目指していた。合理的行動は、意図と動機を前提にしており、それらはとりわけ、第二の自然を構成するほど多量に積み重ねられた個人の行動や、官僚主義によって作られた「堅固な隷属の殻」といった条件のもとで効力を生じるものである。

時が下って、さまざまな哲学者や社会学者が還元主義には反対している。とはいえ彼らは、反科学主義的かつ反実証主義的な態度をヴェーバーと共有しつつも、他の考察においては、ヴェーバーの同意を得はしなかっただろう。共通の敵をもつことは、よく知られているように、つねに価値の一致をも意味しているわけではない。以下に、二つの考え方を――それらは認識論的矛盾から必ずしも免れているわけではないのだが――概観しておきたい。すなわち、機能主義的な構成主義と、「言語ゲーム」理論である。後者の立場は、さまざまな点で、合意理論のプラグマティックなバージョンと似ており、これについては価値問題の議論との関連で、最終章で簡単に触れる予定である。

a　社会構成主義

現実のエンピリカルな解釈にとって特徴的なのは、独立したデータの基礎、すなわち「体験」が、われわれの認知的主張をいわば判定するのだという見解である。すなわち、整合説や対応説といった意味でそれが真理であると査定された言明、とりわけその言明が基づいている知覚は、経験主義によれば、認知的主張について決定を下す、心理的あるいは社会的影響から独立した控訴審裁判所を意味している。これに対して、構成主義的（あるいは慣例主義的）見解の支持者は、知覚は解釈から独立してはおらず、また解釈は種々の社会的利害関心に条件づけられていると言う。だからこそ、たとえば歴史家は原典をこれほどにも別様に解釈するのであり、また歴史家や社会科学者による説明も、多くの省略や強調を伴っている。そしてそれは、彼らが置かれた社会的状況がさまざまであることに起因しているのだ、と。歴史的および社会的事実というのは、このように、社会的に構成されているのであり、何が存在するかという主張（Existenzbehauptungen）も、最終的にそれに関わりをもつ学者たちの階級的地位によって行われているといわれる。

ジャン＝ポール・サルトルは、同様の意味で、よく知られているように、グラーグ〔ソ連の強制収容所〕の実在を、現実に存在している社会主義に敵対する資本主義の擁護者たちが作り出した観念的構成物だとみなしている。またノーム・チョムスキーによれば、カンボジアのポル・ポト派による残虐行為は、国民的良心の免責を狙った米国によるプロパガンダ産業による産物であると言う。対応するような解釈は、政治的スペクトルの右側にもある。だが、こうした見解がどこにでも見られるがゆえに、それらが正しいかどうかを示すことはもはやできなくなってしまう。

こうしたことは、すべて、むしろナンセンスである。というのも、グラーグ、強制収容所、大量殺戮などなどの実在——運動ではなく——は、政治的世界観からは独立したものであり、その組織や出来事は、調査者が確認しうるものだからである。存在したという主張の確認に関しては、どのような好みによっても命令が下されるものではない。ゆえにマックス・ヴェーバーも、よく知られているように、彼の有名な論文『職業としての学問』のなかで次のように言っている。有能な教師の「第一の任務」は、「学生たちに、自分にとって不愉快な事実、たとえば自分の所属する党派にとって不愉快な事実であっても、それが事実であるかぎりうけいれるという態度を教えることです。そしてどのような党派にあっても（たとえばわたしが属する党派にとっても）、きわめて不愉快な事実というものが存在するのです[22]」。

b 「言語ゲーム」

科学は、カール・レイモンド・ポパーの提案によれば、もはや信頼のできる真実の供給者とみなされるのではなく、ただそこで働く人によって正確ではない供述や供述システムが除去されるような代理店とみなされうる。しかしながら、あらゆる反証は、一義的に「事実」として解釈されうるデータが入手可能かどうかということに依存しているがゆえに、異なる解釈（理論）のなかで現れる事実について語ることはすべて、リアリズム的な存在論あるいは形而上学の根本想定を指し示してしまう。ゆえに、ポパーにおいて、異なる解釈に対応しているのは、そのつど異なる準拠領域ではなく、（外延的に）同一の準拠領域である。そうでなければ、個々の事実には「理論負荷」が掛けられているがゆえに、個々の頑強な事実というのは——アーネスト・ゲルナーが言ったように——「囚われのスパイのように簡単に『曲げられる』ことになるし、理論に合うように強制的に解釈され直すことが可能だということになってしまう。もしこれが本当なら、巨大な理論を、個々の強固で勇気ある事実によって除去していくというポパーの魅力的かつ示唆的な考えは神話にすぎないということになってしまう(23)」。

「言語論的転回」は、言語哲学を越えて人文科学や社会科学に浸透し、理論の——ゲルナー流に言うなら——「曲げられた」事実とは、異なる事物関係に基づく新しい事実なのだから、何も害するものではないという想定に至った。フレクシブルな事実——批判的吟味という方法論に対する異議からこう呼ばれるのだが——は、理論においての——あたかも岩礁においてのように——難破するものではないのである。こうした考えをする学派のもっとも著名な論者は、ルートヴィヒ・ヴィトゲンシュタインである。彼は、ウィーン学派の論理経験主義者たちに抗して——彼らは実在論者として、人間の信念や言語習慣とは独立して存在する経験可能な世界があるという観点に立つのだが——反実在論的な見解に立つ。すべての認識は、自然科学の認識も、またそれによって確認された事実も、われわれの「言語ゲーム」(language games) のなかで溶け合わされているのであり、そこに基礎をもっているのである。言語ゲームによって、そのつど言明の真理が確認可能であるような準拠枠 (frame of reference) が構成される。[24] そして言語ゲームそれ自体は、さらに深層の土台に基づくことはない。科学、芸術、宗教の言語ゲーム間で、あるいはまたそれぞれの言語ゲーム内においても、合理性のヒエラルキーを作るのは意味のあることではない。言語ゲームは、比較してみてより理性的であったり理性的でなかったり、あるいはより合理的であったり合理的でなかったりするものではない。言語ゲームとは、ヴィトゲンシュタインが言うように、われわれの生のようにただそこにあるものである。ゆえに、確実さという観念を「生活様式」(form of life) という概念と結び付けることもまた彼にとってはもっともなことになる。[25]

言語ゲームと生活様式という概念は、ヴィトゲンシュタインの哲学にとって基本となるものである。しかし、それらは、意味においても概念の範囲においても、かなり未規定である。とりわけ『論理哲学論考』において展開されているような科学の原則に関する彼の初期の見解は、後に、さまざまな言語ゲームを占める規則という考えに変遷していく。そして私たちが言語ゲームの規則に基づいて作り上げている自然や社会の像は、それがわれわれの生活様式の産物であるがゆえに、われわれの社会の産物だということになる。生活様式と言語ゲームは、ここにおいて、自給自足システムのような観を呈する。つまり、ロマン派の「民族精神」のように、内部からのみ適切に体験されうるシステムとして、また、言語ゲームの理論家は、自らが負けることのないゲームを発明した者として現れる。

　合理的に正当化された認識としての本物の認識は、しかしながら――そう思わなくてはいけないように――われわれが観察者や分析者としてある特定の場所を占めている世界の固有の性質に基礎をもつのでなくてはならず、そのような正当化が妥当であったり妥当でなかったりするような人間の社会的交流形式や性格に基礎をもつのではない。さもなければ、社会学的相対主義の自己適用と同じような無限後退に陥ることになる。ロジャー・トリッグは、このことを次のように表している。「もし科学が社会的に構成されているのだとしたら、社会理論もそうであるし、社会理論に関するわれわれの理論もまたそうである。因果的諸関係が、それらに投影された単なる信念とは違ってまさに存在する場合にのみ、社会構成主義の論文も現実世界の中に足がかりを得ることができる[26]」。マックス・ヴェーバーにおいても、方法論的取り決めと言語ゲームの恣意性には限界が設けられている。ヴェーバーによれば、ある行為や社会的出来事を「現実的理解」によって特定の事情として理解可能にしようとするさまざまな規則システムがまさに重要であるからこそ、逆に、規則システムやそれと関連する手続きは、社会科学の分析枠組みにおける最終的言語にはならないのである。というのも、「意味的に適合的」な行動の指示分析は、それがどの程度「因果的に適合的」であるのか、さらなる審査を必要とするからである。(27) 行為の「主観的意味」および行為者にとって規定的な状況（ウィリアム・I・トーマスの言う「状況の定義」）の再構成は、自らの客観的立場についての認識も必要とする。このことは、たとえば、「現実的理解」においてわかった内容を――それが行為者自らによる解釈なのか観察者による解釈なのかとは関係なく――行為者の立場に適切なあるいは不適切な解釈として認識することを可能にする。もちろん、ヴェーバーも知っていたとおり、解釈も説明も、行為者や観察者の心理的また社会的状態から及ぼされる影響から原則的に自由ではない。しかしながらこのことは、正しい認識を求める営みが時代遅れになるということは意味しない。われわれの思考システムが適切ではないということを知る立場に立つやいなや、われわれはその思考システムからすでに距離を置いているのである。

ヴィトゲンシュタインと同様に――次の最終章において示すが――リチャード・ローティもまた、われわれの認識や認識理論を、特定の社会実践の表現として理解していた。他のより若手の哲学的プラグマティズムの論者もそうだが、彼は、科学的言明の妥当性や正当化の説明において特定の意見や信念が受容されるという事実に強調点を置いており、その意見や信念が基づくものを認識的に保証したり解説したりすることに強調点を置いてはいなかった。彼においては、真だと受け取られることと、真であることとの間に区別を敷く場所はないように見える。こうしてわれわれは、彼において、現実をアクセス可能にしている諸概念の、多元的でさまざまな会話の慣習に対応する意味というものに出会う。言語というのは、しかしながら、最終的に背後にたどることのできないものである。以下では、このような認識論的立場もまた、価値問題の論究に関してある帰結をもつということが示される。

5　道具的合理性と実質合理性について

合理性という概念には両義性がつきまとう。論理的かつ経験的認識、つまり理論理性の内容に関連するかと思えば、規範と諸価値の認識、つまり実践理性の内容に関連もする。[28] それに応じて、自然技術的および社会技術的な関連で応用される「目的‐手段‐合理性」あるいは「道具的合理性」が、「実質合理性」から区別される。合理性について人は、つまり、(「理性的」な)目的とそれより上位の(「理性的」な)価値に基づく行為との関連で論ずるか、あるいは、その目的と上位の（「理性的」なものとしての）価値の正当化や根拠づけとの関連で論じるのである。

道具的合理性という意味で言えば、さまざまなことを——犯罪もまた——理性的に行うことが可能であり、逆に、実質合理性は、まず理性的なものを認識し、それから、もし必要とあれば、それを行うということに基づいている。しかしながら、（理性的な）諸価値の（合理的な）立証可能性およびそれに方向づけられた行為という意味での「実質合理性」は、果たして、循環に陥らずに証明されうるのだろうか。というのも、あらゆる根拠づけは、合理的な主張を必要とするものだからだ。人は何かを何かとして根拠づける。具体的には真として、善として、あるいは美として。しかし、行為と認識の合理的な根拠づけにおいて前提とされた基準そのものが、再び自らの正当化の土台を得るのはいかにしてか、そしてそれはどこで得られるのか。このような、あらゆる認識論的、倫理的および美的な属性の「価値公理」（M・ヴェーバー）は——ヴェーバーの見解に反して——根拠づけ可能なものであろうか。

a　ヴェーバーの基本的見解

新旧の批判理論の論者が繰り返し説明するには、合理的技術と科学は、非合理的で混沌とした社会の全体システムのなかのサブシステムとして、全体システムの実質合理性に寄与することはできない。別様に言うなら、個人の行為においてそうであるのと同様に、社会的な全体システムにおいても、技術的な連関のなかで効力を発揮するような目的-手段-合理性は問題ではなく、そもその問題というのは、最終的な価値判断が理性的であるかどうかである。それは、人間の行為が理性的であるか非理性的であるかが決定される地点である。しかしながら、今やある先入観が広く受け入れられており、一般的かつ実践的な理性、すなわち実質理性の内容を探し求めることは幻想であって、現実には、経済的および政治的市場において競合するさまざまな行為者の相容れない利害関心があるだけだといわれる。そこで自らの意思を貫徹する者が、物事を規定するのだ。このことは、強者の権利をシニカルに認めることではないとしても、諦念の表現でしかない。その背後に宙づりになって潜んでいるのは、またしても啓蒙の哲学から展開した観念にほかならず、それによれば、歴史とは「自由という意識における進歩」(ヘーゲル)として、したがって、人間自身によって力の与えられた解放のプロセスとして考えられうる。

ヴェーバーは、実際、次のことを確信していた。すなわち、各自のもっとも個人的な価値判断の態度表明——同胞や社会に対して、また自然や芸術、政治や経済、宗教、生そして死に対しての——を成しているものに関しては、あらゆる類の認知的操作のような科学的証拠は、肯定的にであれ否定的にであれ何かを成し遂げることはできないということである——その価値が基づいているところの事実に関してならできるかもしれないが。というのも、前提としての価値論的な証拠を列挙することの根底には、つねに内的な態度表明が横たわっているからである。ヴェーバーは、いま触れた関係性について次のように述べている。「このような事情を経験的に考察するならつねに――老ジョン・スチュアート・ミルが指摘したように――唯一それにふさわしい形而上学は、絶対的な多神論であるということを認めることになるだろう。……諸価値の間で結局、至る所で、また繰り返し問題となっているのは、単にオルタナティブな価値ではない。問題となっているのは、けっして架橋されえない究極的な争い、たとえば『神』と『悪魔』の間の戦いなのである。その間には、相対化も妥協もありはしない。ここで注意しておかなくてはいけないのは、それが意味に関してはない、ということである。というのも、誰もが生きていくなかで経験するように、相対化や妥協は、事実として、また外見上――つまりは至る所に――存在するからである[29]」。価値に関する出来事を認知主義的に保証する試みに関しては、ヴェーバーにとってはヒュームの時代から何も根本的に新しいことは起こっていないのだ。

b　同意主義的立場――批判理論とプラグマティズム

ヴェーバーの見解とは違って、合衆国のプラグマティズムの周辺では、合理性はますます公的な合意へ至る道との関係で解釈されていた。そこから刺激を受けて、より近年の批判理論は「合意」の形成という道を歩み、そして――たとえばユルゲン・ハーバーマスのように[30]――「権力から自由な討議」において達成された「理性的な」合意を、規範的な利害関係における真理の基準として解釈した。しかしながらこのような証明は、次のような帰結を免れないものとする。すなわち、規範的問いにおいて、架橋不可能な見解の相違のためにコンセンサスが得られなかったならば、そこでは明らかに合理性が欠落していることになる。[31] 批判理論の周囲（ラディカルなマルクス主義的イデオロギー批判もまた）においては、そのような合意思考のさらなる帰結は次のような事実との関連で現れる。すなわち、論争の決着をつける過程で、「討議」に巻き込まれた諸個人や諸事実の社会的背景が、つねに関係してくるということである。このことは通常、「認識」と呼ばれるものの綿密な分析や内容が、階級あるいは階層特殊的な政治‐社会的「関心（Interessen）」や研究を嚮導する「認識関心（Erkenntnisinteressen）」を成すものに対して背景へと押しやられることに帰結する。[32]

今日ではプラグマティズムの実践哲学や批判理論などにおける合意理論と合意戦略によって規定されている発展は、その端緒を、宗教共同体の結束の表現にもっていた。十八世紀になると、こうした統一の希求は、まっとうな社会的目的に至る道からの逸脱であるとそのつどみなされた局所的な傾向に対抗して、ルソーの一般意思（*volonté générale*）という見解によってもっとも明確に表現された。[33] 左派あるいは右派の一党独裁体制は、後にこのような見解に依拠し、複数政党制は、そこにおいて表明される政党の利害関心によって全体社会の（正しい）意志を弱体化するだけだとして退けられた。

リチャード・ローティの著作のうち、倫理と社会哲学について書かれたもののなかにも、それと同類の見解が見られる。根本にあるのは、彼にとっても、共有された見解が、規範的利害関係における真理を保証するという確信である。彼の著作においては、会話上の接触以外のものは、真理を構成する役割を演じてはいない。彼にとってもまた、「会話」というのは、その内部で認識が了解されうるような究極のコンテクストなのである。ある意見が過半数に受け入れられるということは、議論の成果であり、ゆえに、ローティも次のように宣言する。「啓発的な哲学が目指すのは、真理を発見することよりもむしろ、会話を行うことである」[34]。「外にある」真理、すなわち人々が抱いている意見空間の外にある真理という考えは、棄却される。「単なる一貫性や単なる合意からわれわれを引き上げ、『現実そのものと一致』する物へと吊り上げてくれるフックを、われわれは見つけることはできない。われわれが現実だと考えるものはすべて、結局のところ、われわれが現実と考えるところのものなのである」[35]。

生活上よく知っている場所から考察を始めることは、哲学的プラグマティストの考え方には適っている。ゆえに、ローティがアメリカ合衆国のリベラリストとして考察を始め、合衆国の民主主義を誓って保証し、彼にとって理想的な社会とは「自由」以外の目的を追い求めるものではないということを宣言したとしても、何の不思議もない[36]。彼は、暴力の行使と信念に基づく仕事との間の区別を維持することを望むのだが、しかし、哲学上のライバルに対する彼の批判の激しさを見るならば、少なくともレトリック的な暴力の時代は、彼自身にとって果たして過去のものとなっているのだろうかという疑いを起こさせる。この点においては、ハーバーマスも同様である。そしてハーバーマスにおいてそうであるように、[37] ローティにおいても、権力から自由な社会的討議のなかで確認され、そのつどのコンセンサスにおいて一般化可能であると証明された利害関心が、「実質合理性」として想定されているのである。

あるコンセンサスを作り上げる技巧とは、したがって、社会的な価値世界のひび割れをつなぎ合わせることを手助けする技能のようなものであり、またさまざまな民族文化的・社会的ミリューを背景とする集団同士がいかにしてコンフリクトなく共に生活することができるのかという問いを差し迫ったものだと感じている国々においては、社会的コンセンサスは鍛造せざるをえないものとみなされる。こうして、結束力をもつ価値を探し求めることは、政治の問題となる。しかしながら、特定の規範をわれわれが受け入れているという事実にあまりに強調点を置くならば、なぜわれわれがそれを受け入れるのかということを説明するのが往々にして困難になる。その受け入れの理由は、知識と認識の基準のように変化するものである。こうして、ハイデガーにおいてのように、ローティにおいて真理は真理動向へ、哲学は観念史へと動態化される。

c　決断主義と相対主義への批判

マックス・ヴェーバーは、彼の非認知主義的な価値学説のために、すでに早くから非常にさまざまな哲学的・政治的方面の論者から――ハンス・ケルゼンと同様に――攻撃を受けていた。レオ・シュトラウスは、ヴェーバーのなかに相対主義者を見ていたし、[38] 批判理論の支持者は彼を「決断主義者」であると言った。というのは、ヴェーバーが「価値自由」を信条とし、単なる道具的理性に焦点を絞ったために、それが価値論的な恣意性を暗示し、それによって、究極の価値に関する個人の選択行為間での合理的決断を――ちょうど資本家とプロレタリアート、資本主義と社会主義、自由な社会と自由のない社会といった社会的な根本的対立の間での合理的決断のように――そもそも不可能にしてしまうと言うのだ。[39] こうした批難との関連で、実質合理性に対するヴェーバーの見解がもう一度、いくらか別の側面から照らし出される。

はじめに確認しておかなくてはいけないのは、ヴェーバーがコンセンサスのあらゆる形式を否定したのではないということである。一九一九年に記された彼の「職業としての政治」をしっかり読んだ者ならば、そのことについてはよく知っているだろう。ヴェーバーには、このような決断に到達することは、すべての「責任ある政治家（Verantwortungspolitiker）」にとって、妥協点を見つけるうえで不可欠なことであるように見えた。ヴェーバーは、彼らの日常的な要求を決して否定はしなかった。しかしながら、個人をもっとも内奥の部分において動機づけ、その決定を促すもの――そのために公的な釈明を行うように促されることは、「信念の政治家（Gesinnungs-politiker）」としても稀でしかないように思われる――は、また別の問題である。

ヴェーバーは、自らの研究を通して、共同体の意見の一致と統一を目指したプロテスタントによる秘密集会のことを知っていた。しかしながら彼はまた、一般意思、つまりヴォロンテ・ジェネラル（volonté générale）を形成するために動員された啓蒙隊（Aufkläirungsbrigaden）についてもよく知っていた。だとしたらヴェーバーは、個人に自らの行為や考えを意味あるものに見せる（あるいは適切な条件のもとでならそのように見せると思われる）価値志向について、次のように想定してもよかったはずなのだ。すなわち、それが公的な討議――その際前提となっている「暴露」も含む――の結果として「真」であると裏付けられたり、あるいは証明すらされたりしうるということを。ヴェーバーにとっては、いずれにせよ、固有の価値観が宗教共同体、階級、政党あるいは民族共同体の価値観と一致するということ――ある特定の世界観に基づいた合意理論家たちが要求するものだが――はまったく共感できないものだった。彼はまた、討議的幻想主義――それは古い観念主義的伝統のなかに位置し、「解放的な認識的関心[40]」という意味で権力から自由に行われた討議を通してなら、すべての方面から承認され結束をうながすような価値判断に至ることが可能であるという確信に基づく――からも距離を置いていた。歴史的社会科学の現実的意味をつねに強調していた彼は、次のような社会心理学的な要素を一度も無視しなかったのである。ヴェーバーは次のように言っている。人間は「成功あるいはそのつど成功を約束してくれるものに内面的に合わせようとする傾向を強くもっている。それは自らの最終的な理想を実現しようと努力する程度や手段においてだけではなく、それ自体を放棄する場合にも同じ傾向をもつ」[41]。ヴェーバーが理解できなかったのは、次のことである。すなわち、「よりによって経験科学の論者がなぜ、そのつどの『発展傾向』の祝福者（Beifallssalve）として存在し、この、最終的にただ個人によって個々のケースにおいてのみ解決可能であり、個人の良心に位置するような評価問題（Wertungsproblem）から、表向きは『科学』の権威によって裏付けられているといわれる原則へと向かう発展傾向に『寄り添う』ことによって、なおもこの価値観の一致という考えを支持する必要を感じるべきなのか[42]」。

彼にはとっては、統計的な平均値を——ヨーロッパではアドルフ・ケトレーの「オム・モワイヤン（homme moyen）[43]」、すなわち平均的人間に関する研究以来、証明されているように——民主的かつ平等主義的な社会の規範的土台を経験的に根拠づけるものとして算出することもまた、価値理論的なまやかしの証明に見えただろう。このような見解は、とりわけ、デュルケームの社会学的思考方法を、しかしまたカール・ランプレヒトの歴史観も強く規定していた。そしてそれは、今日に至るまで、社会指標に関する研究の特定のバリエーションのなかでかなりの人気を集めている。そこでは、「基準となる」人間と「中間的な」人間とが同等視されることによって、また、属性を統計にならって標準的に分配すること（Normalverteilung）――それは世論調査的に、つまり「科学的に」算定された基準値として政治的に転用可能であるとされる――と、そうであるべきだという規準（Sollens-Norm）とが同一視されることによって、ヴェーバーが鋭く批判したところのまやかしの客観性に至ってしまっている。そのようなやり方は、彼の見解では、科学的な「客観性」とは何の関係もない。「『中間ライン』というのは、右派あるいは左派のもっとも極端な政党理念とくらべて、これっぽっちも科学的真理であるわけではない。人が、不愉快な事実や生活の現実をその厳しさにおいて見ようとしないところほど、科学の関心を長期的に悪質に消し去ってしまう場所はない[44]」。価値の敵対関係というのは、ヴェーバーによれば、生の現実なのであり、それはもろもろの平均値を持ち上げたところで、議論しないで済まされるものではない。したがって彼は、今日においてもなおさまざまに彼に向けられる批難、つまり彼が「相対主義」を信奉しているという非難に対して、それはまったくの無理解だと反応している。「つまり、価値領域の関係について、まったく逆の観点に基づいた生活観[45]」を信奉しているという批判だと。

ヴェーバーと同様の非難には――すでに述べたように――ハンス・ケルゼンもまた、自らさらされていると見ていた。彼の場合にも、相対主義という非難はやはり、彼の著作において最終的に扱われているのは強者の権利をシニカルに受け入れるということにほかならない、という想定と結び付けられていた。ケルゼンは、だがヴェーバーと同様に、それほど冷笑家だったわけではない。ヴェーバーにとってと同様に、彼にとっても、法的平等、政治的自由、そして思考の独立は、社会的行為の倫理的な根本前提を意味していた。もし人が、やむを得ない場合にはそれのために戦うということを怠るのであれば、それは自らを放棄してしまったことになる。そうすれば、強者の権利――それはたいてい、勝利の後で実際彼の権利となるのだが――の経験的な一般化が正しいと証明されてしまうのだ。ケルゼンはここで、ヴェーバーと同じくらい明確にこう述べている。「民主主義が正当な国家形態であるとすれば、それはただ民主主義が自由を意味しているからである。そして自由は寛容を意味する。自らを暴力で追放しようとする企てを力で押さえつけ、そして適切な手段でもって防ぐことは、すべての人の、ゆえに民主主義的体制の権利でもある。こうした権利を行使することは、民主主義の原則とも寛容の原則とも矛盾しない[46]」。

しかしながら――彼ならそう問うただろう――比較的大きな自由と寛容という条件のもとで社会関係の改善に影響することができる制度化された可能性としての民主主義を、諸々の政治システムの比較考察（また現実の生活体験の比較）のうえで支持することは、その性質を価値論的にも「証明」することになるのだろうか。それには意志決定が必要であり、また――ゲーテに則って言うなら――つねに変化する条件のもとで民主主義の適格さを調べるかわりに、これまでに達成してきたことが最大限可能なことであったと考えてしまうような「怠惰な理性（faulen Vernunft)[47]」に屈してしまうことを防ぐ「不断の懐疑（tätigen Skepsis)」を必要する。

自由や民主主義に対して、ヴェーバーやケルゼンと似た考え方をもっていたカール・ポパーやラルフ・ダーレンドルフもまた、こうした政治道徳的価値志向の規範的妥当性の証明に対して、不適切で無用の要求をすることはやはり拒否しただろう。彼らの著作は、ヴェーバーやケルゼンと同様に、歴史——それは彼らにとっては、合理性が増大するプロセスであって、終末論的幸福へのプロセスではない——についての研究と諸々の体験との対峙のなかで生まれたものである。[48]個人的な諸価値を、神の摂理への信仰（Vorsehungsgläubigkeit）といった——ヘーゲルや彼の後継者が言うような——意味での歴史の発展過程に一致しているということによって認知的に擁護することは、彼らにとっては——それが自由という彼らが大喜びしそうな観念であるにもかかわらず——縁遠いものだった。ポパーやダーレンドルフにとって世界とは、合理性——すなわち、今日では科学や技術、政治、経済、法、芸術そして社会のなかで、時に見通すのが難しいような官僚的な構造と、数々の意図されも望まれもしなかった帰結を生み出した合理性——とともに現れたものであり、それは歴史的に必然的なクライマックスでもなければ、可能な世界のなかで最良の世界であるわけでもない。それには、大きな利得や成果があれば、大きな欠陥もある。そして、もしわれわれがその利得をより増大させたいのなら、とりわけ、この欠陥のほうを調べてみなくてはいけない。

ここでは、このような二人の古いヨーロッパのリベラリストを簡単に挙げておくだけでよいだろう。ヴェーバーとケルゼンが価値の認知主義を拒否したのと同じように、価値論的問いにおける彼らの同様の態度は――彼らの著作が示しているように――無道徳性とは何の関係もない。彼らに対して繰り返し行われる、善きものや美しきものについての肯定的証明や合理的基礎づけについての要求を鑑みるなら、次のような仮説を、締めくくりとして定式化しておくことは許されるだろう。すなわち、神の証明を必要とする人が、原則的にはすでに信仰を失っているように、世界の飢えや貧窮、暴力やテロ、痛みや苦しみや醜さが、自由(や他のいくつかのもの)への価値の信仰告白を基礎として取り除くことができるという証明を必要としている人は、すでに自らの道徳を失っているのである。

註

(1) フェリックス・カウフマンと同様に、アルフレッド・シュッツにおいて諸態度としての目的に対応しているのは「理由動機(Weil-Motive)」であり、価値に対応しているのが「目的動機(Wozu-Motive)」である。以下を参照。Schütz, Alfred, *Der sinnhafte Aufbau der sozialen Welt*, Wien 1932; Kaufmann, Felix, *Methodenlehre der Sozialwissenschaften*, Wien 1936. 価値合理性に関しては、

以下を参照。Boudon, Raymond, "The Present Relevance of Max Weber's Wertrationalität (Value Rationality)", in: Koslowski, Peter (Hg.), *Methodology of the Social Sciences, Ethics, and Economics in the Newer Historical School: From Max Weber and Rickert to Sombart and Rothacker*, Berlin u.a. 1997, S. 3-29. また、次も参照のこと。Boudon, Raymond, Bourricaud, François, Art, „Rationalität", in : Dies., *Soziologische Stichworte*. Ein Handbuch [Übersetzung der 2. Französischen Aufl., Paris 1984], Opladen 1992, S. 410-418.

（2） ここでさらに、簡単にいくつか付言しておく。第一に、たとえば「自由」といった上位価値については、それ自体解釈が必要である。つまり、「自由」は、一方で飢えや苦しみ、テロやからの解放やそれに関連する保護権といったネガティブな自由として理解されうるし、他方で特定の要求権（また自己実現に対する総合的な要求）という意味でのポジティブな自由として理解されうる。第二に、幸福や意欲といった快楽主義的な価値や、またとりわけ上に述べたような価値とは反対の無価値もまた、一般的かつ中立的に理解された上位価値概念に該当する。第三に、あらゆる価値（そして無価値）について、その価値の妥当領域（つまり価値概念の意味の範囲）指す参照領域を考えることが可能である。そういうわけで、たとえば同胞（連帯）や自由といった価値は、単数の個人、集団、国家だけでなく、全人類を引き合いに出すこともできる。これについては、Brecht, Arnold, *Politische Theorie: Die Grundlagen politischen Denkens im 20. Jahrhundert*, Tübingen 1961, 第8章における、上位価値を同定しようとする現代の試みについての解説を参照のこと。

(3) だからといって、ヴェーバーは、あらゆる社会的行為者がいつでもどこでも完全な情報と明確な選好順位をもっていると考えているわけではない。また、行為者が身の回りや自らのリソースを何の制約もなくコントロールすることができると考えていたわけではないし、さまざまな個人の行為の総合的な結果やベクトルの総和が、集合的合理性の必要条件を満たしていると考えていたわけでもない。ヴェーバーが強調して示そうとしていたのはただ、次のことである。すなわち、因果的な刺激-反応関係を超える人間行動の分析は、われわれの同胞の意図や期待に関するわれわれの意図や期待との関係でのみ遂行されうるということである。社会的行為をこのように特徴づけることによって、彼は、ゲオルク・ジンメルによって提示された社会的役割——それは行為者に向けられた他者の期待から規定される——の分析アプローチをさらに進めたといえる。

(4) たとえば以下を参照。March, J.G., Simon, Herbert A., *Organizations,* New York 1958; Simon, Herbert A., "Rationality as Process and Product of Thought", in: *The American Economic Review*, 68 (1978), S.1-16; Ders., "Rational Decision Making in Business Organizations", in: *The American Economic Review* 69 (1979), S.493-513.

（5） Cohen, Percy, Art. “Rationalität”, in: Speck, Josef (Hg.), *Handbuch wissenschaftstheoretische Begriffe*, 3 Bde., Göttingen 1980, Bd. 3, S.531-537, hier S.536.

（6） Topitsch, Ernst, *Erkenntnis und Illusion: Grundstrukturen unserer Weltauffassung*, 2., überarb. u. erw. Aufl., Tübingen 1988.

（7） Weber, Max, *Gesammelte Aufsätze zur Religionssoziologie* (1920), 6. Aufl., Tübingen 1972, S.1.

（8） たとえば以下を参照。Tawney, Richard H., *Religion und Frühkapitalismus* [*Religion and the Rise of Capitalism. A Historical Study,* New York 1926, dt.; übers. v. M. Moser], Bern 1946.

（9） これについては以下を参照。Kolko, Gabriel, “Max Weber on America”, in: *History and Theory* 1 (1961), S.243-260.

（10） 国家がヨーロッパにおいて、個人や集団の権利要求をますます合法的かつ合理的に正当化するような合理的支配の代行者になったことは、しかしながら、合理的国家が、近代ヨーロッパの産物であるということは意味していない。このことを、ヴィルヘルム・ミュールマンは、マックス・ヴェーバーと仲の良かったエルンスト・トレルチによるこのような主張に対する異議として述べている。「……マウリヤ朝、グプタ朝、そしてムガール帝国時代のインドの国家行政について今日私たちが知っていることによって示されるように、合理的に構成され細部まで組織化された国家という考えは、ヨーロッパの独占物ではない」。Mühlmann, Wilhelm, *Homo*

Creator: Abhandlungen zur Soziologie, Anthropologie und der Ethnologie, Wiesbaden 1962, S.415.

（11） Löwith, Karl, *Weltgeschichte und Heilsgeschehen: Die theologischen Voraussetzungen der Geschichtsphilosophie*, Stuttgart 1952 [a. engl. Aufl. 1949; zahlreiche deutsche Neuauflagen].

（12） これについては以下を参照。Koselleck, Reinhart, Art. „Fortschritt“, in: *Geschichtliche Grundbegriffe. Lexikon zur politisch-sozialen Sprache in Deutschland*. Hg. Brunner, Von Otto / Conze, Werner und Koselleck Reinhart, Bd. 2, Stuttgart 1975, S.351-432.

（13） Topitsch 1988（註６）, S.10.

（14） Tenbruck, Friedrich H., „Der Fortschritt der Wissenschaft als Trivialisierungsprozess“, in: Ders., *Die kulturellen Grundlagen der Gesellschaft: Der Fall der Moderne*, Opladen 1989, S.143-174, hier S.150f.

（15） とりわけドイツにおいては、精神科学が、イギリスやフランスで社会科学が獲得したのと同様の地位を獲得した。そしてそれには同様の期待が関係していた。ゲーテとシラーは、『ツァーメン・クセーニエン（*Zahmen Xenien*）』において、妥当性をさまざまに失いつつある宗教の代替物として芸術や科学に割り当てられるべき機能を、次のように指摘している。「芸術と科学を有する者は、宗教も有する。両者をもたない者は、宗教をもっていると言う（が、それは怪しい）」。

(16) Tenbruck 1989（註14）参照。

(17) 同様の見解については、Swingewood, Alan, *A Schort History of Sociological Thought*, Houndmills u. a. 1984, S.158f.

(18) Tenbruck, Friedrich H., Nachwort, in: *Max Weber: Wissenschaft als Beruf* [1919], Stuttgart 1995 (=Reclams Universal-Bibliothek, 9388), S.47-77, hier S.73.

(19) Weber, Max, „Der Sinn der "Wertfreiheit„ der soziologischen und ökonomischen Wissenschaften " [1917], in: Ders., *Gesammelte Aufsätze zur Wissenschaftslehre*, 3. Aufl., Tübingen 1968, S.489-540, hier S.507.

(20) Luhmann, Niklas, „Wahrheit und Ideologie: Vorschläge zur Wiederaufnahme der Diskussion", in: Hans-Joachim Lieber, *Ideologie - Wissenschaft - Gesellschaft. Neuere Beiträge zur Diskussion,* Darmstadt 1976, S.35-54.［Der Staat I/4, 1962. に初収。］

(21) *Ebenda*, S.38.

(22) Weber [1919] 1995（註18）, S.32.〔中山元訳『職業としての政治／職業としての学問』二一七頁、日経ＢＰ社〕

(23) Gellner, Ernest, *Descartes & Co: Von der Vernunft und ihren Feinden*. Aus dem Englischen von Martin Suhr, Hamburg 1995, S.131.

(24) 以下を参照。Wittgenstein, Ludwig, *On Certainty*, Oxford 1969, S. 83. よく知られているように、カール・R・ポパーは、ヴィトゲンシュタインが示した「枠組みの神話」に対して批判的な立場を取っている。これについては、彼の後進であるハンス・アルバート（Hans Albert）らによる論文を参照。以下に収録。Gadenne, Volker / Wendel, Hans Jürgen (Hg.), *Rationalität und Kritik*, Tübingen 1996.

(25) 以下を参照。*Ebenda*, S.559 u. S.358.

(26) Trigg, Roger, *Rationality and Science: Can Science Explain Everything?*, Oxford UK-Cambridge USA 1993, S.168.

(27) これに関しては、『社会学の根本概念』（„Soziologischen Grundbegriffen“, in: Weber [1917] 1968（註19））S.550-552の説明を参照。

(28) ドイツ語では、同じことは時に、「理解」と「理性」の区別にも当てはまる。

(29) Weber [1917] 1968（註19）, S.507.

(30) 次を参照。Habermas, Jürgen, „Wahrheitstheorien“, in: Hans Fahrenbach (Hg.), *Wirklichkeit und Reflexion. Walter Schulz zum 60. Geburtstag*, Pfullingen 1973, S.211-265.

(31) しかし、合意が優勢であるところにおいても、真理は、意見の一致の結果なのではない。ヴォルテーヌは、一七六四年に、歴史を常套的な寓話（fable covenue）と呼んだとき、そのことに勘づいていた。

（32）このことは、ハーバーマスの場合にはすでに、一九六五年六月二十八日「認識と関心」という教授就任初講義（*Merkur* 19/1965, S. 1139-1153において公刊）、また同じタイトルで拡充化された著書バージョン（Frankfurt a. M. 1968）で記されている。

（33）ルソーの著作を、独特なプラトン主義の名残として貫いているのは、次のような確信である。すなわち、単一の正しい知識――その伝達は啓蒙の時代に可能になったといわれるが――は、単一の全体社会的意志もまた帰結としてもつだろうという確信である。それにもかかわらず、啓蒙されざる、あるいは――のちにいわれるところの――「虚偽意識」という残滓は、少数派の地位として存在しつづける。だがそのような論者は、自由意思によって多数派の正しい考えに従うことになる。

（34）Rorty, Richard, *Philosophy and the Mirror of Nature*, Oxford 1989, S. 373.

（35）Rorty, Richard, *Objectivity, Relativism and Truth: Philosophical Papers*, Vol. 1, Cambridge 1991, S.38.

（36）以下を参照。Rorty, Richard, *Contingency, Irony and Solidarity*, Cambridge 1989, S.60. ロジャー・トリッグが示すところによれば、ローティの倫理と社会哲学はアメリカ合衆国の民族中心主義からけっして自由ではない。ただし彼はそれを詳細に根拠づけることなく一般化しているのだが。同様に、彼が「われわれ（アメリカ人）」と言っているとき、誰のことを指しているのか不明瞭であるという。以下を参照。Trigg 1993（註26）、とりわけS.76-78.

（37） 以下を参照。Habermas, Jürgen, *Moralbewusstsein und kommunikatives Handeln*, Frankfurt a. M. 1983.

（38） 以下を参照。Strauss, Leo, *Naturrecht und Geschichte*, Frankfurt a. M. 1977. [Natural Right and History, Chicago 1950, deutsch.]

（39） これについては、たとえば以下を参照。Schecter, Darrow, *The Critique of Instrumental Reason from Weber to Habermas*, London 2010.

（40） これについては、註32で挙げた文献を参照。

（41） Weber [1917] 1968（註19）, S.313. 後者のケースで問題となっているのは、「そもそも可能な最終的態度の選択において、それらのうちの一つの現実のあるいは見せかけの一瞬のチャンスに自らを合わせることである」（*Ebenda*, S.515.）。

（42） *Ebenda*, S.513.

（43） 以下を参照。Quételet, Lambert Adolphe Jacques, *Über den Menschen und die Entwicklung seiner Fähigkeiten oder Versuch einer Physik der Gesellschaft*. Deutsche Ausg. [...] von V.A. Riecke, Stuttgart 1938 [1. französ. Aufl. Paris 1835]; Ders., *Soziale Physik oder Abhandlung über die Entwicklung der Fähigkeiten des Menschen*, Jena 1914 (= Sammlung sozialwissenschaftlicher Meister, 19) [1. französ.

Aufl. Bruxelles 1869.]

（44） Weber, Max, „Die “Objektivität” sozialwissenschaftlicher und sozialpolitischer Erkenntnis“ [1904], in: Weber 1968（註19）, S.146-214. Hier S.154f.

（45） Weber [1917] 1968（註19）, S.508.

（46） Kelsen, Hans, *Was ist Gerechtigkeit?*, Wien 1953, S.42.

（47） エマニュエル・カントは、これに対してラテン語の表現 “ignava ratio” を用いている。

（48） ここでは多くの可能な著作のなかから二つだけ指摘しておく。Popper, Karl, R., *Das Elend des Historizismus*, Tübingen 1965 [1. Engl. Aufl. London- New York 1957] ; Dahrendorf, Ralf, *Pfade aus Utopia: Arbeiten zur Theorie und Methode der Soziologie*, München 1974.

【訳者注＊】

Bunyan, John, *The Pilgrim's Progress from this World to That which is to come: Delivered under the Similitude of a DREAM Wherein is Discovered, The manner of his setting out, His Dangerous Journey; And safe Arrival at the Desired Countrey*, 1678.（池谷敏雄訳『天路歴程（正篇）』、新教出版社、一九七六年）

カリスマ――社会学の境界線上で

ヨハネス・ヴァイス
佐藤貴史　訳

1

「例外はそこにある。人は例外を説明できないし、一般的なものも説明できない」。このキルケゴールの命題（*Die Wiederholung*）は、まずは「尋常ではないもの」（Außerordentliche）、偉大な個人、たとえば宣教史〔福音の告知の歴史〕が自ら保持し、影響を及ぼした「預言者と使徒たち」(1)の洞察において重要である。このような「すぐれたもの」（Ausgezeichnete）が行ったことを認知し理解することなしには、宣教史〔福音の告知の歴史〕と信仰の歴史もまた一般的かつ総体的には説明できない。

とはいえ、キルケゴール的な原則はこのような稀なことに関してだけでなく、各個-人としてのあらゆる人間にとって固有の性質であり、キルケゴールによれば宗教的関係の成否がかかっているような例外的なもの（das Exzeptionelle）とすぐれたものへの洞察においても重要である。すなわち、神は欲したもう、「個々人を、言い換えればすべての人を一人ひとり、最高のものへ引き上げることを」[2]、と彼は言っている。それゆえ、「何よりもまずそれぞれの人間は個々の人間であり、一人の個-人であることを意識することが留意されなければならない」[3]。「古代には」、「すぐれたものとは他の人々にはそうありえなかったものだという」「手の出しようのない事実」があったが、これに対して「宗教的に自分自身を獲得したもの」とは「万人がそうありうるもの」であろう[4]。

例外と一般的なものに関するキルケゴールの命題は二重の視点で、すなわち「卓越していること」（Auszeichnung）あるいは特別な才能をもっているという意味において、しかしあらゆる人間が、無条件に誰彼なしにそうあることができ、またそうあるべきだという意味においても[5]」、個-人について語っている。

2

これらすべてのことが、キルケゴールを「何よりもまず」彼の時代におけるキリスト教的――

キリスト教的であろうと望んでいる——神学と教会の形式に対置させる。しかしまた、そこにはあらゆる人間科学、とくに社会学に対する重要かつきわめて根本的な挑戦が横たわっている。[6] このような学問のもともとの基礎理念と存在理由《レーゾン・デートル》は、人間の実存が基本的には社会的本性と社会における一般的なものによって可能となり、規定され、そして制限されているという仮定のもとにある。それゆえ、例外的なもの、まったく特異なものは学問にとってはとるに足らず、無視してよいものとして——そうでなければ、その成立と機能が社会的諸条件や諸規則へと関連づけられることによってのみ説明されうる一つの擬制（Fiktion）とみなされる。

以下、主として問題となるのは、その個性が「卓越していることあるいは……特殊な才能」に由来するような例外を、一般的意義によって評価することが社会学には困難であること、そしてなぜ困難なのかを検討することである。しかし、最終的にこの考察が日常を超えた意味での個性から、その完全に日常的な実存のあり方へ、また同時に社会学的認識のきわめて基礎的な問いに向かうのは、キルケゴール的な命題のロジックだけでなく、事柄のロジックにもその理由がある。

3

キルケゴール解釈に関するあらゆる問題は別として、もしキルケゴールがこのように社会学に抗うために動員されるならば、「古典的」と目され今日に至るまでもっとも重要な社会学者であるマックス・ヴェーバーは、彼の作品の中心に例外的人間の実在と働きをテーマとして置いたではないかと反論されるだろう。事実、まさにマックス・ヴェーバーがこのことをテーマとしたのは、カリスマ的支配の概念を三つの理念型に対応して区別されるべき正統な支配形式の一つとして社会学へ導入し、その不可欠性と有意味性を彼の実質的調査のなかで、それもとくに比較宗教社会学の領域で説明したときであった。

ヴェーバーの作品、とりわけ彼の方法論の別の本質的要素について明らかに行われたように、このことが後続の社会学者によって見落とされ、あるいはその意義が誤解されていると主張することもまた間違っているであろう。

ヴェーバーによるカリスマの問題圏の重視とその扱いは、幾度も彼の理論と方法論の「個人主義的な」根本性格と関連づけられたが、それにもかかわらず繰り返し次のような疑念を生み出してきた。すなわち、彼の思想にはイデオロギー的、言い換えればブルジョア・エリート的であるゆえに反社会的で、その点では反社会学的な性格がつきまとっているのではないかと。このような批判は疑いなくヴェーバー自身によって強調された事情、つまり彼の思想にはニーチェの強い影響があるという事情に依拠していた。この新しい学問は「社会」と同時に人間と人間の生活環境を「媒介し凡庸にすること」(Vermittelmäßigung) を学問の対象としただけでなく、それをあらゆる事柄の基準とし、それとともに各人の序列、各人の高潔さ、そして各人の強力な個性に宣戦布告したという理由で、ニーチェはこの新しい学問――もっともハーバード・スペンサーやジョン・スチュアート・ミルによって代表される形式において――とは論争しなかったのか。またその点でニーチェは本質的なところで、「偉大な個人」の世界史的役割の教説が精神貴族的であり、それゆえ政治的には反動的な動機に由来したヤーコプ・ブルクハルトから着想を与えられたのではなかったのか(7)。

4

とりわけヴェーバーに対するマルクス主義的批判がこのような流れのなかで展開されたことは驚きではないが言及に値する。この点ではG・ルカーチの『理性の破壊』が、マルクス主義の限界さえ越えて、すでに長いあいだその風潮と方向性を示していた――たとえ、自らこの理論の伝統に加わっていたテオドール・W・アドルノが、この書物〔『理性の破壊』〕は当の著者の理性の破壊に関する情報を提供しているすぎないことに気づいていたとしても。したがって個人主義的、ブルジョア的、反平等主義的、そして反民主主義的、反社会的、結果的に非合理的な特殊ドイツ的な知的伝統の根本特徴は、わけてもニーチェに原因があるが、その知的伝統はマックス・ヴェーバーの社会学のなかで――そしてゲオルク・ジンメルの社会学においても――もっとも力強く表現され、もっとも大きな効果を発揮しただろう。一般的にはカリスマ概念のために、そして〔第一次世界大戦後のドイツの新しい政治秩序を見ると）このカリスマ概念ととくに結び付いた「人民投票的な指導者民主主義」の理念のために、少なくともファシズムに対して理念的にはその土壌を準備し、ルカーチや他の多くの人々を支持する者たちの側にマックス・ヴェーバーは連なっている。(8)

しかし、明確な批判ではないが際立った慎重さをもちあわせていれば、マックス・ヴェーバーにおけるカリスマというテーマと出会うのはマルクス主義の周辺をずっとうろうろしているときだけではない。このことは部分的には政治的な動機によって説明されるが、しかし同時にヴェーバーは社会学的に有意味なものや理解可能なものの境界線上で、あるいはむしろその外側で活動していたという既出の見解に理由があった。こうしてディルク・ケスラーのように決然として多くの作品を生み出した「ヴェーバー主義者」でさえ、カリスマ的支配において重要なのはある種の「残余カテゴリー」、すなわちヴェーバーが正確に規定できず、だからといってけっしておろそかにされるべきではない諸現象をそのなかに包括させた概念であると説明した。(9)

5

しばらく前から、ヴェーバー的なカリスマ社会学との批判的・懐疑的あるいはせいぜいのとこ

ろ用心深い関わりは、拡大しますます発展している生産的な論争に席を譲ってしまった。(10)

たしかに近代のダイナミクスはその間に勢いを削がれ、このことと密接に関連しながらカリスマ的な人格性が成立し機能する余地は当分のあいだ消えてしまっただろうと、もっともな理由とともに語られている。(11) またその独創的で効果絶大な形式において、カリスマは事実上時代にそぐわず、さしあたり「カリスマの偉大な時代」を成し遂げてしまったかのように思える。このことがもっともよく認識できるのは、今日では好き勝手に政治、広告、娯楽産業の言語で、そして日常の言語でも、「カリスマ」や「カリスマ的〔であること〕」について語られ、この点で意味と価値のインフレーションが生じてしまったことである。

根本から崩壊している文化ないしは政治を刷新するための力の源泉として、あるいはむしろラディカルに思考を一変させること、つまりメタノイア（metánoia）の力の源泉として、カリスマは当分のあいだ、思いのままにならないのは明らかである。カリスマがその「本来の」形式において必要に応じて発見されたり形成されたりしないこと、あるいはカリスマがまぎれもなく有能な人間から学ばれえないことはその――ヴェーバー的――概念から判明する。したがって、真正カリスマは好き勝手に生み出されることも教え込まれることもなく、きっと呼び起こされ、それが開花するなかで要求することもできないのである。

この点でヴェーバー自身は、深刻ではあるが避けることのできない欠点を高度に合理的であるために「預言者なき」近代文化に見る傾向がある。かなりの知識人たちがカリスマの周りで身をささげ、ヴェーバーが「非合理的なものの主知主義的ロマン主義」の表現として明確に拒絶したカリスマの傲慢さやカリスマの演出形式を、彼はより一層鋭く批判した。知的あるいは道徳的退行、つまり知と道徳性の従来の基準が下落すること、それどころかその基準の大規模な溶解、これらの危険性はカリスマによって動機づけられた支配関係に影のようにつきまとっているが、まさにわかっていながらその危険性をかかる関係の前提にしようとすることのうちに、事柄の完全な間違いがある。[12]

6

現在におけるカリスマの不在と予測可能な将来においてカリスマがおよそ登場しそうにないことは、社会学にとって本来のカリスマがくだらないものとみなされているからではけっしてない。その他の点でもそうであるように、ここでもまた〔カリスマの〕喪失経験はとくに挑発的である。まさにカリスマの日常化の局面と形式において——その語が定義するように（そして当事者の経験において）——日常を超えたものを模索するために、きわめて明確にカリスマ概念をヴェーバー的な線引きを越えて拡大解釈し、そして／あるいは脱人格化、物象化そして制度化の状況のなかで優先的にカリスマに取り組むような仕方で、歴史的状況に社会学的に見て同調しないならば、いずれにせよこうなるのは当然である。

ゲープハルト[13]は、ここ二十年におけるヴェーバーに続くカリスマ研究がまさにこのような方向転換を果たしたことに注目している。先行研究は数え切れないほどカリスマ的な人格性に固執していたし、とりわけ政治的領域を見るとそうであった。しかし、このような主題の重なりから解放され、例外的人間から距離を置くことで明らかになり、またそのような人間とは完全に独立して登場し影響を及ぼすようなカリスマ的なものの現象形態に早急に取り組むことではじめて、ヴェーバーに端を発する認識のポテンシャルは本当に解明されることがわかるだろう。

研究をこのような方向へ向けることはまったく正当なのは当然であり有益でもある（ゲープハルトによって挙げられたG・ロス、W・シュルフターなどの研究にあるように）。しかし、その際、次のことを忘れてはいけない。すなわち、ヴェーバーにとってカリスマとはその一義的かつそもそもの形式においてつねにまったく並はずれ、力に満ちており、そのために既存の関係の指導と変革のために呼び出された人格性のカリスマであることを。ステファン・ブロイアー――彼の「理性のカリスマ」研究[14]はゲープハルトによってこの新しいカリスマ研究に加えられている――もまた、この点でヴェーバーと同様に「真正」カリスマについて語っている。たしかにこれに対して、ブロイアーが考えているように、「理性のカリスマ」が事実上「カリスマの脱人格性と物象化[15]」の最終段階として理解できるかどうかは、吟味されなければならないだろう。ブロイアーが明確に考えているように、実際「ジャコバン主義」の革命的ダイナミクスは、カリスマとして認められたロベスピエールあるいはサン・ジュストのような個人、「人民の救済者としてのヨハネ」（ラマルチーヌ）、その命名者や立役者なき「レーニン主義」的な革命の貫徹を無視して、適切に説明できるのだろうか。何かマルクス主義によって鼓舞された偉大でどのみち一時的には首尾よく行った革命運動において、「理性のカリスマ」あるいは「科学のカリスマ[16]」もまた、完全に脱人格化され物象化された形式のなかでカリスマの効果を発揮したのか――あるいは、レーニン、トロツキー、またスターリン、毛、ホーチミン、そしてカストロのような尋常ではない（いわば、尋常ではない者として認知された）個人におけるカリスマの受肉と人格化は、このような結果の本質的にして無視できない条件とみなす必要はないのだろうか。

7

いずれにせよ、ブロイアーが言うように、ヴェーバーにおいて「特別な位置価値」のもとで繰り返し不信の念や批判も引き起こしたのが、この「真正の」つまり人格的なカリスマである。導入的検討で推測しようとしたのは、ゲープハルトが考え、称賛し、そして促したカリスマからの離反は、その「真正の」意味において、上記のような「不満」にさらされていない研究対象と研究テーマへの関心からも説明されるということである――なぜなら、その検討は、純粋に見ればヴェーバー的な方法とはおよそいわないにしても、純粋に社会学的な方法とはいえるからである。幾分誇張して語られているが、問題となっているのは、排他的ではないとしても優先的に、いわばいともたやすく社会学的概念と理論形成の標準モデルへ「躊躇なく」適合するようなパースペクティブ、まさにこのパースペクティブからカリスマの問題圏を考察することである。このような問題圏によって「不満」を感じたり、困惑させられる代わりに、もっと言えば概念的・理論的かつ方法論的な道具主義の即自性と同じように事柄を考慮しながら、社会学はこの問題圏に対して――おそらく――その必要と可能性に応じた程度にしたがってしかるべき準備をしている。

挑発的なものと示唆に富むものは、慎重に考えれば、確実にマックス・ヴェーバーがカリスマのカテゴリーを彼の社会学の「体系」(ヴェーバー)へと導入した方法のうちにある――単独で、少なくとも単独のものとして認知される社会的アクターがもっている特有の能力を示すためにそうしたのである。それゆえ、このような概念化の意味と含意を問うことが望ましい。引き続きこのことが、正確に言うならば二重の視点において、なされるべきである。

カリスマ支配が理解社会学の意味において「社会関係」として解釈されるならば、カリスマ支配はどのように描かれるかという問いがまず究明されなければならない。この問いに対する返答から生じるのが、二番目の問いである。つまり、いかにして、要するにどのような仕方で、そしていかなる範囲でアクターによって考えられたそのような社会関係の意味は社会学の「解釈的理解」に対して明らかになるのだろうか、またここではいかなる限界がこの理解に対して方法論的根拠から設けられるのだろうか。

8

カリスマとは、何よりもまずヴェーバー的パースペクティブにおいて支配を可能とし、これを正統化する特定の人間の卓越さである。一般的に考えられているように、この支配類型もまた政治的領域に限られるわけではまったくない[17]。「特定の内容命令」が「主張する個人」のもとでの服従へと突き動かし、その服従を当てにできるのであれば、ヴェーバーによればつねに支配について語ることができる。

このように理解された支配は、ある程度の「服従への意志」がなければ被支配者の側に立つことはできない。そのなかでは、まさに「純粋に人格的な」カリスマの承認とそこから生じるフューラーへの「信頼に満ちた献身」が明らかになる。

たしかにこの「服従への意志」に向かって、まったく異なるモチーフが流れ込んでいる。こうして、ほとんどどこにでもあるように、主としてカリスマ的に正統化された支配のもとでも目的合理的な、それゆえ「功利主義的な」動機が一役買っているだろう。しかし、服従への意志にとって、すなわち隷属と従順の心構えにとって、ここでは目的合理的でも伝統的でもなく、（ヴェーバー的類型論に準じれば）激情的（affektuell）かつ／あるいは価値合理的なモチーフが決定的である。ある人との無条件の激情的な結合が、この人が特定の世界解釈の無制限の真理あるいは宗教的、政治的ないしは道徳的命令の絶対的正しさを体現し、たしかに現実化できるという価値合理的な信頼と結びついているならば、理念型の確定に――すなわち特別な強い効果の待望にも――ふさわしいのは、何にもましてカリスマ的支配である、と。

カリスマによって動機づけられた支配関係のもとでは、同じく高貴で人格的かつ大いに激情的な友好関係あるいは恋愛関係のもととはおよそ異なり、世界――まずは内的世界、次に外的世界――を根底から変革しようとするまったく新しいものや偉大なものが重要である。尋常ならざる属性、そして支配者を際立たせ、彼らの被支配者によって動機づけられる（べき）属性は、この偉大な仕事、その着想、用途、そして現実化へと結び付けられなければならない。それゆえ、このような支配の成否はその証明（*Bewährung*）にかかっている。支配者の例外性は、つねにもっとも新しく――一方では支配者の例外性はその仕事を必然性において表現し体現するような説得力において、他方ではその指導のもとで実現され完成される事柄において――証明されなければならない。

このように考察してみると、カリスマをまとって現れる人間のもとでの屈服は無条件的なものではまったくなく、その人間への信頼は無分別なものではなく、アクターの視点から見れば結果に対する心構えは「非合理的」ではない。このような仕方で支配される者は彼らが行っていることと、そしてなぜそれを行っているかを知っている――あるいは、事実上同じ結果になると考えることを心得ている――。彼らは酩酊状態のようにうろたえた態度をとることはなく、いずれにせよ最初の段階を超えて行くこともない――たしかに「苦境と熱狂」の圧倒的な経験によって、「人間集団に共通し、日常を越えたものから生まれた興奮」[18]によって規定されてはいるが。重要なのは途方もなく偉大なものや救済的なものが生起するだろうという期待であり、この期待は成就されなければならない。この期待が裏切られる程度に応じて、カリスマは、またそれとともに正統性信仰や従順の心構えは、消滅してしまう。

9

その方法論的省察においてヴェーバーは、意味を有しそれ自体動機において間主観的にコミュニケーションが可能であるかぎり、人間の行為に備わっているのは「質的な」合理性であることに時々言及する。彼はこのような仕方で相関的に用いられた「コミュニケーション可能」や「質的合理的」という概念を導入し説明したが、けっして専門用語としてそれを用いなかったし、その概念でもって考えられたものを一度も展開しなかった。それどころか、彼は理解社会学の「体系」を説明し、さらに社会的行為の有意味性をコミュニケーション可能性の概念の助けを借りて――やっと――解明しようとしたときも説明も展開もしなかった[19]。しかし、彼がこの事柄がもっている視点に固執し、その視点を価値の根本概念から意味の根本概念への置き換えによって裏付けさえしたことは明らかである。

　カリスマ的支配もまた、このようなパースペクティブから判断されなければならない。しかしこれが意味することは、コミュニケーション可能性による質的な合理性とはいかなるものかを問うことである。そうすることで、この支配類型が「解釈的理解」とそこに基礎づけられた因果関係の説明に対してまったく特別でも原理的でもない難点を用意することがわかる。「カエサルを理解するにはカエサルである必要はない」（ヴェーバー）――また、なぜ人は当の人間（と「戦争での英雄」）の日常を超えた魅力と説得力に圧倒されるのか、もしくは――正確に言えば、このような理由のために――なぜこの人間を取り除かなければならないと考えることができるのかという問題を意味のある仕方で理解しうるためには、特定の作法と教養を備えた同時代のローマ人である必要もない。そのころ問題となった事柄と同様に、一方では――まさにこの事柄を見て

――彼に従い、他方では彼の命を狙おうとする原因であった尋常ならざる能力は、同時代人のみならず、その意味と動機づけの力において今日の歴史家あるいは社会学者にとっても理解可能であり、とにかく原理的にはそうである。このような――当然、仮説的な――理解は方法論的に抑制された形式において、それぞれの歴史学的ないしは歴史・社会学的説明を導き結論づけることができるし、そうしなければならない。その際、この説明に対してはまさしく特殊できわめてはっきりと打ち出されたカリスマ症候群の意味「形態」が合致する。この点で科学的研究は、極度の方法論的慎重さでもってなすことが義務づけられるのは当然である――なぜならカリスマという仮説はそれが固有にもっている明白な有意味性のために、これ以上の熟慮を必要としないきわめて詳しい因果関係の説明としてあまりにたやすく浮かび上がってくるからである。こうしてヴェーバーが注目している「カリスマの純粋支配」は、「理論的な考察のためにのみ純粋に準備されておくべき経験的で歴史的な形成物の諸要素」として描かれている[20]。

10

それにもかかわらず、カリスマ自体がカリスマによって捉えられた者を明確に日常を超えた何かとしてだけでなく、完全に超自然的なものとみなし、同時にけっして証明されたり、論破されたりできないという理由で、科学的合理性という手段では当然の事柄だとは主張しえないものとみなされる場合、カリスマ的支配は社会学的パースペクティブから見ればどのみち、まったく「非合理的に」見えるし、そのようなものでなければならないという意見は重要である。しかし、ここにあるのはすべての行為や動機の諸連関にほかならず、その「主観的に考えられた」意味は、因果的な意味においてまったく理解されないならば、社会学（あるいは、精神分析、経済など）の言語には翻訳できない。事実、社会学的理解は考えられた意味の実在性ないしは真理ではなく、特定の諸前提のもとにある人間を、超自然的で、いずれにせよ経験的・科学的には理解できない諸力の実在性と真理を信じることへともたらすことができ、それどころかおそらくそうしなければならない諸根拠に照準を当てている。とはいえ、それぞれの正常な基準を越えていき、その克服のためには超人的あるいは超自然的な諸力と能力を要求するような必要と課題が社会学的理解に明らかになる場合に以上のことは可能である——そして、当の人間たちがそのような諸力と能力の認知、いわばその責任のもとで経験科学的な証明可能性の限界を守らない（守ることができない）と仮定されなければならないならば可能である。

11

ここでは社会学はある明確な限界と隣接していることもまた承認され、そのことにあくまで固執するかもしれない。おそらく社会学はカリスマの責任に関するあらゆる形式についてそっけなく無関心な態度をとり、カリスマを一つの社会的「構築物」あるいは「擬制」としてつねに理解しなければならないように思える。ヴェーバー的方法論の核心部である価値自由の要求が、この点ではどんな活動の余地も残さないのは明らかである。すなわち、カリスマの超自然的な起源と質について語る権利が社会学にはないように、なんらかの仕方で真のカリスマあるいは本当のカリスマを偽のカリスマから、真正カリスマを作為的なカリスマあるいは作り上げられたカリスマから区別することも社会学には禁止されているように思える。それゆえ、社会学は経験的に目の前に見出されたカリスマ解釈を社会的事実として受け入れ、その社会的な諸条件、諸機能、そして諸影響を考慮して説明しなければならないが、その解釈に対してどんなことがあっても自らの差異化・分化を、たとえばまさにその「客観性」への要求をもって対置してはならない。ここでは原理的な問いが重要であるがゆえに、このことは上記の解釈に従えば、すでに亡くなった重要な歴史家にしてヴェーバー研究者であるヴォルフガング・J・モムゼンの考えと同じように許容できず非現実的であり、ヒトラーのような疑いなくとんでもない支配者はどんなことがあってもカリスマとしてその名が挙げられてはならないだろう(21)。

しかし、真正カリスマと作為的なカリスマ（あるいはむしろ強いカリスマと弱いカリスマに関してのみ）の区別の基礎をなしているのは、不可避的に一つの価値判断、とくに道徳的な価値判断なのだろうか。このような仕方、あるいはこれと類似した仕方での区別に助けを借りて、特定の個人に帰された尋常ならざる属性と能力は現実的に存在するのか、もしくは存在したのかどうか、またそれはいかなる規模で、どのような観点においてそうであり、そうであったかを研究することは、社会学には禁じられており、また論理的に不可能なのだろうか。ここで社会学者——宗教的ないしは審美的事柄においてと同様に——は、絶対的な判断の放棄を余儀なくされるのだろうか。

このような判断の放棄を要求することに対して、経験的研究においては事実上《デ・ファクト》ほとんどその判断放棄は守られていないし、それどころかマックス・ヴェーバー自身によってさえそうであると言って異論を唱えることはできない。さらに大変多くの非論理的な議論あるいは非道徳的な行為は、まさにそれ自体として論理的ないしは道徳的な規範の方向性に反対することはない。それゆえ、一方ではヴェーバーがカリスマ概念は「まったく価値自由的に用いられる」[22]と主張し、他方ではしかし一貫して、「真正」カリスマを価値自由の要求ではなく、ひょっとするとヴェーバーに抗うほうに向かう別の現象形式から引き出すような状況も考えられる。

しかし、何よりもまず社会学研究（とくに大衆社会やメディア社会における実情を見ると）にとって「真正」カリスマと「作為的な」カリスマの区別を放棄できないのは明らかである。[23]このことがかかる区別でもって考えられていること、あるいはいないことの原因であるかどうかは吟味されなければならない。

この調査によって、ここではそのほかの点でも同様に、区別のための評価を事柄における区別から鋭く区切らなければならないということがわかる（それどころかこの区別がある特定の評価をきわめて簡単に引き起こす場合にはそうしなければならない）。事柄における区別において問題となるのは、社会的アクターによって実在するものとして定義される（そして社会的アクターあるいは社会学者とはまったく異なって評価されうる）何かは事実上存在するのかどうか、またどうして存在するのかという問いを見つけ出すことである。社会的アクターによって、そしてまたおそらくいささか性急にマックス・ヴェーバーのような社会学者によって「カリスマ的」と判定された属性や能力は、それが与えられ、それゆえ（その属性や能力が社会的アクターによって主張されあるいは信じられるという理由だけではないが）、効果を発揮しているかどうか、またいかなる範囲でそうなのかという点で根本的に探究できよう。このような調査の結果としてわかるのは、単に責任だけが、まさに社会的構築物あるいは社会的擬制だけが重要だということである。しかし、この調査によって次のことも判明する。すなわち――責任を帰せられる――尋常ならざる能力は――なぜなら、それ自体疑いなく示され、特定の成果であるがゆえに――精神的、道徳的、しかしきわめて実践的なあり方で与えられており――これらのあり方からのみ説明することができるのである。

その能力は神の恩恵と委託から発しているということを、社会学は当然証明することもできないし、――社会学の手段でもって――はねつけることもできない。とはいえ、社会学はこの種の確信をしばしば、おそらくいつもではないが、重要な「信仰的献身」の要因として、その説明において考慮することができるし、そうするだろう。

12

社会学は「因果的洞察」(kausale Durchsichtigkeit)(ヴェーバー)を確保する努力に沿って理解せざるをえないので、大変重要で効果の大きい文化的あるいは社会的・政治的創造物(まさに一時的でそれどころか最高に破壊なものとして明らかになる創造性)は完全に尋常ならざる特定個人の属性と能力に帰することによってのみ十分に説明されうる。

同時にカリスマの場と意義は、その本来のあるいは「真正の」形式において、しかもマックス・ヴェーバーの歴史社会学の理論的体系において示されている。「純粋に経験的で価値自由的な意味」において、カリスマは「すぐれて創造的で革命的な歴史の力」[24]、すなわち一般的には宗教(と戦争)の歴史、個別的には政治的改革と変革の西洋史の力とみなされる。[25]

ヴェーバーは――だからこそ――つねに「カリスマの担い手」の一人に数えられ、彼がカリスマのごとき思い上がりをしている同時代の「教授陣の預言[26]」と鋭く対立しているとき、まずたいてい預言者が、偶然ではなく預言者が尺度を形成している。ナザレのイエスの「こう書いてある―あなたがたに言っておく」のうちに、彼はカリスマ的指導者一般のクレドーと要求をもっとも痛烈に宣言されているのを見る。そして、旧約聖書の「真正預言[27]」はヴェーバーがとくに集中し、あからさまに共感をもって打ち込んだ特別な研究対象というだけではない。むしろ、彼はその預言に対して、「真のカリスマ」や「純粋にカリスマ的な」指導者にどんな意味があり、その革命的な力や影響力はどこに基礎づけられるかを実例的に突きつける――キルケゴールのように語るために、事柄が「真剣に」把握されるならば彼はそうする。明らかにヴェーバーにとってここではカリスマはまさに理念型的な純粋性の「存在形式[28]」のなかで姿を現し、ヴェーバーが繰り返し強調して語っているように、この預言者の指導要求が「純粋に宗教的に」動機づけられていたことにカリスマは本質的に属している。

一般的に見れば意味深長な歴史的変革、「個別的には心情の内的な『メタノイア』や中核部分の『メタノイア』から」始まる宗教的再生は、カリスマとして際立たされた個人によってのみ引き起こされ、軌道に乗せられうるというヴェーバーの仮説から、――真の宗教的カリスマに対するきわめて高度な要求との結びつきのなかで――なぜ彼が見通し可能な将来、少なくとも西洋における宗教の運命についてこれほど懐疑的に述べたかが説明される。彼が『プロテスタンティズムの倫理と資本主義の精神』の末尾で語っているように、「機械的化石」や（ニーチェによって『ツァラトゥストラはかく語りき』のなかで描かれた）「最後の人間たち」の欲求に従がって開かれた世界、あるいは「古いイメージと理想の強力な再生」――もしくは「まったく新しい預言」、これらに向かって生じつつある「恐ろしい発展」が統率されるかどうかは、誰にもわからないだろう。[29] そして彼の時代診断的な遺言である講演『職業としての学問』を、ヴェーバーは「新しい救世主や預言者を待ちこがれている多くの人々のすべて」に「イザヤ書に記録されているエドムの見張り番のあの美しい歌」（『イザヤ書』二一章一一―一二節）を指し示すことで締めくくっている。すなわち、「夜明けは近づいている、しかしまだ夜なのだ。どうしても尋ねたいならば、尋ねよ、もう一度来るがよい[30]」。

13

社会学は――かなり流布した意見に反して――「カリスマ主義」（ヴェーバー）の研究のもとで達成可能であるものを顧みず、他の研究対象においてはほとんどないことだが、この研究対象のもとではその限界に直面する。[31] しかし、そこではこの「人間科学」（ノルベルト・エリアス）の弱みは暴露されるのではなく、そう思われ心配されているように、ある――ほとんど用いられなかった——批判的なポテンシャルが暴露される。批判とは区別の謂いである。社会学は眼前にある社会的実在性に（道徳的あるいは政治的な類の）独自の評価によってではなく、事柄における独自の差異化・分化で立ち向かうならば、社会学は当面は批判的である。そうしてのみ社会学的啓蒙は可能である。なぜなら、その場合に限って他の事柄や意味された事柄の地平にある所与のものは、もしかしたらよりふさわしい実在性の知覚に気づくからである。カリスマの責任とカリスマのレトリックは、このような意味のなかで区別され、そのかぎりでは批判的な社会学のとくに重要で有益な対象である。

このように理解され振る舞う社会学は、二番目の「反省的な」意味においてもまた批判的なものとして明らかになる。この学問は、導入部で語られたように、社会学の限界を踏み越え、人間の現実性全体に対して権限をもっていることをはっきり説明しようとする傾向がある。このような覇権的な要求は、社会学の評判に大きな傷をつけてしまった。社会学がこのような仕方でその諸可能性の背後に取り残されることは、十分に憂慮すべきではあるがはるかに重要なことでもある。社会学は重要な社会的意義を備えているが、社会学的手段をもってしては余すところなく説明できない所与の状況と——それは社会学の限界ではあるが、だからといって周縁にすぎないわけでもない——関わらなければならない。社会学は「社会によって限定され」ないが、社会的諸条件に本質的に影響を与え、それどころか根本から転倒させながら社会的諸条件を変化させることができる。このことはその尋常ならざるカリスマ的な個-人を通して生じ、その個-人は自ら社会的かつ精神的秩序を根本的に作り直し、まったく新しいものを創造するが、法外な破壊力も解き放つことができる。

しかし以上のようなことは、社会的アクターはけっして社会的のみならず、つねにまったく単独的でもあるという理由でのみ、まったく日常的でほとんど目立たないが、同時にきわめて根本的な仕方で絶えず生じる。その有名な付論「社会はいかにして可能か？」のなかで、ゲオルク・ジンメルはこのきわめて影響力のある洞察を二番目の「社会的アプリオリ」として次のように定式化した。「社会化された存在様式は、社会化されていない存在様式によって規定されているし、もしくはその決定に参与している[32]」。社会学における個別性や個人化の今日に至るまで桁違いに重要な理論家としてみなされなければならないジンメルにとって、あらゆる社会化から逃れ、同時にあらゆる社会化に（ともに）参与する個-性は緊急のテーマとなったがゆえに、彼は社会学の下に置かれながら、その完全な力を最終的に「個別性の形而上学」のために用いた。

14

キルケゴールは、「卓越していることあるいは特別な才能をもっているという意味において」、そして「あらゆる人間が、無条件に誰彼なしにそうであることができ、またそうあるべきだという意味において」二重の個-性について語った。それはパラドクスのように見えるが、二つの――異なっているがしかし相互に参照しあう――個別化の存在形式は、ゲオルク・ジンメルとマックス・ヴェーバーの思考の地平を本質的に規定し、この社会学の代表的人物たちはこれまでその一方を主題化することに力を注ぎ、それを社会学的認識が事柄に即しているかどうかの試金石としたことは考慮する必要がある。すなわち、社会学が個-性を――その完全に日常的な形態において、あるいはその完全に日常を超えた形態において――このような方法で知覚し真剣に受け取るならば、社会学がその手段でもって説明可能であるものの限界に至るまで進んだことは確実である。この――反省的で基礎づけられた――確実性はけっして自明ではないが、知的には大変満足がいき、生産的である。この確実性は、このような一般的なものからは除外されているが、完全には分離されていない事柄によって社会における一般的なものを理解する場合にのみ、社会学的分析の厳密さと、それがどれほど現実に即しているかの度合いをはかる助けとなる。

ここでなされたように、キルケゴールからこの状況に接近するならば、偉大な社会学者のもとでも宗教的神学的理念の隠された余波と再解釈が、おそらくキルケゴールによる指摘の由来さえもが生ずるという考えに至るであろう。もちろんこのことそれ自体は、事柄への異議を何ら差しはさむものではないが。

註

(1) Vgl. Kierkegaard, Sören, *Auswahl aus dem Geaamtwerk*, Düsseldorf/Köln 1964, S.421.

(2) *Ebenda*, S.89.

(3) *Ebenda*, S.361.

(4) *Ebenda*, S.30.

(5) *Ebenda*, S.56.

(6) 社会学的側面からキルケゴールに対して適切な注意を向ける時であり、さらにはその用語が存在する以前に社会学者にして同時に社会学の批判者としてフリードリヒ・ニーチェと並んで立つべき者として、彼に注意を向ける時であろう。こうして「個人化」をめぐるアクチュアルな論争のなかで、キルケゴールやニーチェを先取りしながら、「近代という時代」やその時代を支配している「水平化の絶望的な抽象化」について語らなければならなかったことはよく考えてみる必要があるだろう。「(せいぜい物質的利害関心との関係においてその妥当性を有している)社会的結合の原理は、われわれの時代においては肯定ではなく、否定されており、それは一つの逃亡、娯楽、錯覚であり、その弁証法は次のようなものである。すなわち、社会的結合は個々人を強めることで弱らせ、つまりその原理は数的なもの、集合によって個々人を強めるが、しかしこれは倫理的にみれば一つの弱体化である」(Literarische Anzeige 1846; Kierkegaard, Sören, *Gesammelte Werke*, Düsseldorf/Köln 1956-1969, Bd. 17, 112-117; zit. nach Kierkegaard 1964, 86, 89. Vgl. dortselbst auch S.27ff.)。

(7) ここではこれらの問いを究明することはできない。ヴェーバーがこの問いから、とくに預言者とその偉大な「活動」の結合に関する思想から着想を得たにもかかわらず、預言者主義に関するニーチェの明らかにきわめて肯定的な主張もまた問題の外に置かれなければならない(次の研究を参照せよ。Weber, Max, *Wissenschaft als Beruf* (1917/1919) / *Politik als Beruf* (1919). Herausgegeben von Wolfgnag J. Mommsen und Wolfgang Schluchter in Zusammenarbeit mit Birgit Morgenbrod, Tübingen 1992 (*Max Weber Gesamtausgabe,* Band 17), S.161, また Weber, Max, *Wirtschaft und Gesellschaft. Die Wirtschaft und die gesellschaftlichen Ordnungen und Mächte.* Nachlass. Teil 4: Herrschaft. Herausgegeben von Edith Hanke in Zusammenarbeit mit Thomas Kroll, Tübingen 2005 (*Max Weber Gesamtausgabe,* Band 22-4), S.482)。

(8) Vgl. Lukács, Georg, *Die Zerstörung der Vernunft* (Werke Bd. 9), Neuwied: Luchterhand 1962, S.521-537. この問題やマルクス主義的なヴェーバー批判一般について、Weiss, Johannes, *Handeln und handeln lassen. Über Stellvertretung*, Opladen/Wiesbaden: Westdeutscher Verlag 1998

(9) D. Käsler, *Revolution und Veralltäglichung*; Hatscher, 2000, S.19からの引用。

（10） これについては、ビブリオグラフィーとともに次の研究に含まれているここ最近の文献を参照されたい。Gebhardt, Winfried, „Einleitung: Grundlinien der Entwicklung des Charismakonzeptes in den Sozialwissenschaften", in: W. Gebhardt u.a. Hrsg., 1993.

（11） またRieff, Philip, *Charisma: The Gift of Grace, and How It Has Been Taken Away from Us*. New York: Vintage Books 2008 を参照されたい。たしかにリーフはマックス・ヴェーバーの役割をまさに、カリスマの理念をその真正の宗教的（キリスト教的）意味連関から解放し、政治的に解釈しなおし、それとともに効力をなきものとしてしまった点に見ている。

（12） この点において、どれほどヴェーバーが——長い間、愚か者のもとだけでなく、傑出した学者たちのもとで、またそのなかにいたけっして少なくはない哲学者のもとで——ヒトラーのような大成功を収めたカリスマ的思い上がりについて熟慮しなければならなかったかはきわめて明白である。

（13） Gebhardt, Winfried / Zingerle, Arnolf/ Ebertz, Michael N., Hrsg., *Charisma. Theorie, Religion, Politik*, Berlin/New York 1993; *a.a.O.*（註10）Gebhardt u.a., Hrsg., 1993, S.1-12. まったく同様の研究として、Charisma als Lebensform. Zur Soziologie des alternativen Lebens, in: Stagl, Justin / Acham, Karl / Hahn, Alois/ Lipp, Wolfgang / Thurn, Hans-Peter Hrsg., *Schriften zur Kultursoziologie*, Band 14, Berlin 1994, 24ff.

（14） Vgl. Breuer, Stefan, Das Charisma der Vernunft, in: *ebenda*. W. Gebhardt u.a., Hrsg., 1993, S.159-184.

（15） *Ebenda*, S.181.

（16） これについてはWeber, Max, *Wirtschaft und Gesellschaft. Grundriss der verstehenden Soziologie*. Fünfte, revidierte Auflage, herausgegeben von Johannes Winckelmann, Tübingen: J.C.B.Mohr (Paul Siebeck) Tübingen 1976, S.313.

（17） ヴェーバーの専門用語「支配」（Herrschaft）は、社会関係のあり方に関していえば多義的である。通常、この用語では「指導」（Führung）（すなわち、「指導者-従者関係」）が考えられているが、――まさにカリスマ的に正統な――支配者は（理想的な、それゆえ到達不可能な）「模範者」（Vorbilder）として、たとえば道徳的英雄としてもまた知覚され活動することができる。これに対応するのが、ヴェーバーが（『宗教社会学論集』の序論において）預言者主義を考慮しながら模範預言と使命預言の二区分法を導入したことである（Weber, Max, Schriften 1894-1922. Ausgewählt und herausgegeben von Dirk Käsler, Stuttgart 2002, S.596）。カリスマ的指導者が（他の「宗教的達人」と同様に）代表の課題、もっと言えば代理の課題をも引き受けることができるかどうかは、引き続き検討すべきである。この三つの概念的違いについてはWeiss, Johannes, „Wissenselite“, in: Dirk Tänzler/Hubert Knoblauch/Hans-Georg Soeffner, Hrsg., *Zur Kritik der Wissensgesellschaft*, Konstanz: UVK Verlagsgesellschaft 2006, 13-29 を参照されたい。

（18） *A.a.O.*（註16）S.661.

（19） これについてはWeiss, Johannes, *Vernunft und Vernichtung. Zur Philosophie und Soziologie der Moderne*, Opladen: Westdeutscher Verlag 1993, 216ff. を見よ。また、*a.a.O.* Weiss（註8）S.133f., S,155なども参照せよ。

（20） *A.a.O.* Weber（註7）*Wirtschaft und Gesellschaft.* S.489.

（21） 別の重要なヴェーバー研究者であるM・ライナー・レプシウスは、成功を収めたヒトラーのカリスマ的思い上がりが国家社会主義的支配の構成的要素であることを証明することにはっきりと異議を唱え行動した（Lepsius, M. Rainer, Das Modell der charismatischen Herrschaft und seine Anwendbarkeit auf den „Führerstaat" Adolf Hitlers, in: ders., *Demokratie in Deutschland. Soziologisch-historische Konstellationsanalysen. Ausgewählte Aufsätze*, Göttingen 1993, 95 - 118）。たしかに悪魔的な、いわば悪人のニヒリスティックなカリスマが、思うままに暴力的に行動する独裁者のなかで人格化した真正の形態において、自らの決定や扱いを必要としないかどうかは考慮されなければならないだろう。二十世紀は、カリスマよって生み出された破壊の狂乱について多くの経験をした。

（22） *A.a.O.*（註20）S.460 u. 482.

（23）こうしてゲープハルトは（*a.a.O.*,（註10）S.12）はまた、とくに多くの「作為的なカリスマ」の製造と働きに関する最近の文献を挙げている。

（24）*A.a.O.*（註20）S.482.

（25）*A.a.O.* Weber（註７）S.161.

（26）Weber, Max, *Schriften 1894-1922*. Ausgewählt und herausgegeben von Dirk Käsler, Stuttgart 2002, S.362.

（27）*Ebenda*, S.190.

（28）*A.a.O.*（註20）S.490.

（29）*A.a.O.*（註26）S.224.

（30）*Ebenda*, S.511.

（31）「カリスマ」は残余カテゴリーではないが、社会学の限界概念である。

（32）Simmel, Georg, *Soziologie. Untersuchungen über die Formen der Vergesellschaftung*, Berlin: Duncker & Humblot 1983, S.26.

文献

Bach, Maurizio, *Die charismatischen Führerdiktaturen: Drittes Reich und italienischer Faschismus im Vergleich ihrer Herrschaftsstrukturen*, Baden-Baden: Nomos Verlagsgesellschaft 1990

Hatscher, Christoph R., *Charisma: und res publica: Max Webers Herrschaftssoziologie und die römische Republik*, Stuttgart: Steiner 2000

Reemtsma, Jan Philipp, *Charisma und Terror: Gedanken zum Verhältnis von intentionalistischer und funktionalistischer Deutungen der nationalsozialistischen Vernichtungspolitik*, Frankfurt: Fritz Bauer Institut (Materialien 10) 1994

Robbins, Thomas, *Cults, converts and charisma: The sociology of new religious movements*, London: SAGE Publ. 1988

Rychterová, Pavlina, Hrsg., *Das Charisma: Funktionen und symbolische Repräsentationen*, Berlin: Akademie-Verlag 2007

Weiss, Johannes, *Weber and the Marxist World*. With an introduction by Bryan S. Turner [Max Weber Classic Monographs, Vol. VI], London/New York: Routledge 1998

Weiss, Johannes, *Handeln und handeln lassen: Über Stellvertretung*, Opladen/Wiesbaden: Westdeutscher Verlag 1998

【訳者注】

以上の引用文献ならびに参考文献のなかで邦訳があるものはそれを参照したが、ヴァイス教授の引用の仕方や文脈の違いによって邦訳をそのまま使うことができなかったので、邦訳の書誌情報や頁をあげることはしなかった。しかし、とくにキルケゴールやヴェーバーを翻訳された先達のお仕事から多大な恩恵を受けたことをここに感謝の言葉とともに記しておく。〔　〕内は訳者の補語である。

アッハム、ヴァイス両教授へのコメント

姜　尚中コメント

アッハム氏へのコメント

アッハム教授の論文は、行為および言明、実践および認識にわたるヴェーバーの合理性の概念を、目的合理性や価値合理性などとの関係で分析的に検討しながら、さらにその文化史的な意味をスケールの大きな展開の中で位置づけており、多くの示唆を与えてくれる。とりわけ、ヴェーバーを単なる相対主義者としてのラベリングから救済しようとするアッハム教授の強い関心は大いに共感するところである。

以上の点を高く評価しつつ、そのうえでヴェーバーの合理性論の今日的な意味をあらためて問い直したい。とく評者にとって興味があるのは、ヴェーバーにおける「文化人」（Kultur-mensch）の概念である。

アッハム教授が指摘するように、「脱魔術化」を通じて世界からア・プリオリに妥当する規範的な解釈の枠組みが失われた以上、世界そのものに意味を与えていく主体が問題になってこざるをえない。この「意味付与」の主体こそ、「文化人」にほかならない。

そこで、三つの質問をアッハム教授に投げかけたい。

（1）ヴェーバーは、実験や経験的観察を通じて世界の因果的な説明を遂行し、さらにその技術的な応用と制御によって自然と社会を統御しようとする合理的な知のシステムを、発生史的に近代西洋に誕生しながら普遍史的な意義をもつに至った合理性の概念と捉えたが、他方、ヴェーバーはこのプロセスを推進し、同時にその成果でもある科学（Wissenschaft）の限界を見定めていたと思うが、ヴェーバーの場合、「文化人」と「科学者」はどのような関係にあると考えられていたのか。

（2）もし、ヴェーバーの合理性の概念を、決断主義や相対主義の隘路から救い出す可能性があるとするならば、その可能性をヴェーバーは「文化人」に求めたと考えていいか。

（3）私見では、ヴェーバーは、そのような「文化人」の概念に「自然主義」とも、また相対主義とも異なるカント的な意味付与の新たな近代的主体の再生を求めたのではないか。この意味でヴェーバーは徹底して「自由」の擁護者であったと思うが、しかし同時に「強い」主体や自我、人格を打ち出し、自らもそうあることを望んだヴェーバーが、メンタルな病に冒され、未来に対してかなりペシミスティックな予測をしたのは、そうした「文化人」的な主体の孤独感を誰よりも痛切に認識していたからではないのか。この点をアッハム教授はどう思われるか。主体や自我、人格といった近代的なアイデンティティの極北的な頂点にヴェーバー的な「文化人」の概念を位置づけることができるとすれば、それはどうして、ヘーゲル的な相互承認や共同性の絆を断ち切ったところにしか成立しえないのか。もし教授が現代哲学の代表的なコミュニタリアンのひとりであるチャールズ・テイラーの *Sources of the Self-The Making of the Modern Identity*（1989）をご存知であれば、善き生（good life）を求め、自らの人生によりよい価値や意味を与え、他者への尊敬と自己の尊重、さらには尊厳（dignity）に価値を置く「道徳的源泉」（souces of the self）の可能性とヴェーバー的な「文化人」さらには合理性とはどのような関係にあるとお考えか、その所見を承りたい。

ヴァイス氏へのコメント

カリスマの概念は、ヴェーバー社会学のなかでももっとも論争的なテーマであり、カリスマの概念を媒介にヴェーバーの「人民投票的な指導者民主主義」が、カール・シュミットという「鬼子」を通じて「大統領の独裁」につながり、結果としてワイマール共和国の幕引きと、ヒットラーの総統支配をたぐり寄せることになったという見方すら人口に膾炙してきた。このような見方がまことしやかに受け入れられてきたのも、ヴェーバーの社会学的方法論が、学問的認識の領域で「価値自由」(Wertfreiheit)を標榜し、他方、それと裏腹に政治的実践の領域を「決断主義」(Dezisionismus)に委ねてしまう二元論的な限界に陥っていたからであるとされている。

ヴァイス教授の論文は、このようなヴェーバーのカリスマ社会学にまつわる誤解や曲解を踏み越えて、ヴェーバーのカリスマ概念を、実存哲学者キルケゴールが人間科学に突きつけた根本的な挑戦を手がかりに、経験的な社会学の限界に位置するカテゴリーとして再構成し、個人の例外的な卓越性と社会的な一般性との矛盾を孕んだディナミークとして描き出そうとしている。このようなヴェーバー解釈の試みは、きわめて大胆であり、また知的挑発に満ちている。

そこでヴァイス教授にはひとつお訊ねしたい。

ヴァイス教授の論文は、ゲオルク・ジンメルの個別化をめぐる社会学に引きつけてヴェーバーのカリスマ社会学を再解釈しているが、ヴェーバーの社会学的な方法論は、ジンメルとどの点において決定的に分岐しているのか、その点を明らかにしていただきたい。なぜ、ヴェーバーは繰り返し個々の社会的行為者の「主観的な意味」の「理解」(Verstehen)を通じて最終的に社会的諸現象の「客観的な因果帰属」を社会学的な認識の目標にしようとしたのか、この点が重要だと思うからである。

ヴェーバーの社会学的な方法論は、ヴァイス教授が的確に指摘されているように、いかなる還元論的な説明とも無縁であった。そこには、人間の歴史と社会は無限の多様性に富んでおり、社会学的認識はごくその一部を理解を通じて因果的に説明するにすぎないという「否定的全体論」（カール・レーヴィット）の立場に立っていたからである。

ただ、ヴェーバーはこの立場に立ちながらも、歴史的な因果帰属に関する経験的な規則を導き出すことが不可能だとは考えていなかったはずである。むしろ、さまざまな理念型的なカテゴリーを「索出的な」（heuristisch）手がかりとしてその法則的な関係を明らかにしていくことに自らの社会学的な認識の究極の目標を置いていたのではないか。この点においてカリスマの概念も、それがいかに唯一無二の例外的な卓越性と一回性、比較不可能な個性を誇っても、ヴェーバーはそのような nomologisch（法則論的な）認識による篩《ふるい》に掛けられなければならないと考えていたのではないか。この点がジンメルの形式社会学とヴェーバーの理解社会学を分かつ決定的な違いだと思うが、ヴァイス教授はどのように考えるか。

荒川敏彦コメント

グローバル化と合理化

ヴェーバーの合理性・合理化・合理主義という一連の概念については、きわめて多くの議論がなされてきた。いまグローバル化が多方面で問題にされている状況下で、「ポスト合理性」を念頭に「ヴェーバーの遺したもの」を議論するに際しては、ヴェーバーにおける「合理性」の議論からいかなる示唆を引き出せるかが問われるだろう。その重要な手がかりは、現代的関心からヴェーバーのテキストを再読することであろう。ヴェーバーが「遺したもの」とはまず、そのテキストであり、それにまつわる批判的展開も含めたヴェーバー後の諸議論だからである。そこで以下では、（A）（B）（C）の三つのヴェーバーのテキストを参照しながら質問をしてみたいと思う。（原著および翻訳書の該当頁を（　）内に示した。）

（1）はじめに報告者お二人に、合理化の非一体的進展という認識の現代的可能性についてのご見解をお聞きしたい。言い換えると、合理化と近代化の問題である。かつて（あるいは今でも）ヴェーバーは「近代化論者」の代表格と目されてきたこともあり、この問題はヴェーバーの合理化論をめぐる議論のなかでも、代表的なものといえる。実際には近代化の内実は論者によってさまざまだろうが、政治や経済などの諸領域がそろって合理化するという捉え方をするとすれば、そのような歴史認識はヴェーバーの思考からきわめて遠いものといわねばならない。

たとえばヴェーバーは『倫理』論文において、イギリスを念頭に資本主義化と私法の合理化が一致して進展しない——むしろローマ法の方が合理化していた——という例を挙げながら、諸合理化の進展が多元的であり、非一体的であると指摘している。

（A）生活は、きわめてさまざまな究極的観点のもとに、きわめてさまざまな方向に向かって「合理化」しうるものなのだ。（*Gesammelte Aufsätze zur Religionssoziologie I*, S.62＝大塚久雄訳『プロテスタンティズムの倫理と資本主義の精神』岩波文庫、九三―九四頁）

『倫理』論文のこの一節だけからも、かつて抱かれ、ひょっとすると今なお抱かれている「近代化論者ヴェーバー」という像は、再考を迫られることになるだろう。何より、資本主義化に関連した近代化論の主要な典拠が『倫理』論文に求められてきたことを思えば、当の『倫理』論文において「合理化の非一体性」への注意が喚起されていたことの意義は大きいはずである。それはまた、西欧近代に止まらない諸文化の、そして生活諸領域のさまざまな合理化のあり方をどう捉えうるかという問題につながっている。グローバル化とは、文化的差異を超えて、また生活領域間を流動化させて進展しうると考えられるからである。

報告者お二人には、合理化の多元性、多様な合理化の非一体的・個別的進展というこの『倫理』論文の見通しが、グローバル化が指摘される現代社会においてどのような意義をもちうるか、お考えをお聞かせいただきたい。

(2) 次に、ヴァイス氏にお聞きしたいのは、生活諸領域が分化する現代世界においてカリスマ分析がもつ可能性についてである。

ヴァイス氏は、真正カリスマの実在論議から離れてカリスマへの「服従問題」に注目し、服従が非合理的ではなく、意識的でありうることを明確に指摘しておられる。それにより、カリスマを非合理・非日常の領域に追いやるのではなく、非日常性と日常性の「はざま」の問題として、かつ動機理解の点から、考察可能な問題として再定式化されている。すると次には、カリスマへの服従の動機となる「期待」が人々の間でどのように醸成されるか、その社会的条件如何という問題が生じてくるだろう。

そのような視点からすれば、『倫理』論文は、人々がなんらかの「不安」を抱え、その解消へと動機づけられているとき、なんらかの「手」が差し伸べられることで広汎な人々の行為が方向づけられ新たな社会秩序が形成されるメカニズムを、歴史的な事例として解明して見せたものと読むこともできる。その関心からすれば、現代社会における不安の根源、あるいは期待のありかに関する問いが生じるのだが、ここではそれを歴史的視点から考えてみたい。

私見では、ヴェーバーが示した諸領域の合理化／固有法則性の緊張関係論は、初期近代（十六〜十七世紀）のヨーロッパを念頭に置いた（たとえばルーマン的な）近代社会の機能分化論にもつながる理論的シェーマであり、グローバル化を数百年の長期的スパンで考える重要な視角であると思われる。有名な一節で、ヴェーバーは次のように述べている。

（B）「現世的」諸財（最広義における）の外的・内的な所有が合理化され純化される過程がそれ自体として進行すればするほど、宗教の側からの緊張もそれにつれてますます強まらざるをえなかった。というのは、さまざまな領域、すなわち宗教的および現世的な、外的・内的な領域に対する人間の関係が合理化されまた自覚的に純化されていくにつれて、個々の領域における内的な固有法則性を突きつめた形で意識させ、それによって、外界との関係に関する原生的で素朴な考え方のなかには現れてこなかったような、諸領域相互間の緊張関係が成長してきたからである。これは、（現世内的・現世外的な）財所有が、合理的なもの、意識的に努力されるもの、知識によって純化されたものへと展開する、まったく一般的な、宗教史上きわめて重要な帰結なのである。(*Gesammelte Aufsätze zur Religionssoziologie I*, S.541-2＝大塚久雄・生松敬三訳「世界宗教の経済倫理 中間考察」『宗教社会学論選』みすず書房、一〇八〜一〇九頁)

現実には、諸領域の緊張関係はさまざまな形で緩和されており、ヴェーバーの力点も実はそこにあるように思われる。そこで問題は、現代社会における社会的分化／固有法則性の展開は、人びとの「期待」の分化をも意味するだろうか、ということである。言い換えると、現代において「カリスマ」形成の「社会的条件」としての「期待」(もしくは不安)は、どのような仕方で醸成されるだろうか。ヴァイス氏はカリスマの「場」をとくに宗教と政治の領域に見ておられるので、その観点からお考えをお聞きしたい。

(3) またアッハム氏には、分化をめぐる以上の問題とも関連して、専門分化の時代における秩序と行為の相互作用の問題についてお聞きしたい。ヴェーバーによれば、「基礎的原理を知らないこと」あるいは専門化が、行為の合理化をもたらすとされる。ヴェーバーは『理解社会学のカテゴリー』の末尾で、次のような洞察を遺している。

（C）社会的な分化と合理化が意味するのは―必ずいつもというわけではないとしても、結果においては全く通常の場合―合理的な技術や秩序に実際に関わる人々が、その技術や秩序の合理的な基礎から全体としてみればますます引き離されていくということであって、彼らには総じて、「未開人」に呪術師の呪術的手続きの意味が隠されているのと同じように、その合理的基礎が隠されているのが常である。したがって、ゲマインシャフト行為の諸条件や諸連関についての知識の普遍化が、当の行為の合理化をもたらすというわけでは決してない。そうではなくたいていは、その正反対のもの〔＝知識の専門化（引用者）〕が行為の合理化をもたらすのである。（*Gesammelte Aufsätze zur Wissenschaftslehre*, S.473＝海老原明夫・中野敏男訳『理解社会学のカテゴリー』未來社、一二五頁）

近代人は合理的基礎を知らないまま、便利な道具を使用している。行為の合理化が専門化と意味喪失を招き、専門化と意味喪失が行為をさらに合理化させるというのである。これは、ヴェーバーの合理性・合理化論を目的合理性至上主義と解釈する見方とは大きく異なる、現代社会に生きる私たちも日常的に経験している重要な認識だろう。アッハム氏の指摘される、科学の意味価値を効用価値へと置換する「陳腐化のプロセス」や「科学の脱魔術化」は、この問題に関連しているように思われる。

この専門化と意味喪失という問題を、個人の主体的努力にのみ還元することはできないだろう。アッハム氏が指摘されている、ヴェーバーの批判した「成功を約束してくれるものに内面的に合わせようとする傾向を強くもった」個人が、(そのときどきの)秩序との関係で位置づけられていることにも注目したい。ここには首尾一貫性としての合理性を欠いた状況志向的な態度への批判が見られるわけだが、この点は、問題を個人の内面に還元するのではなく、秩序と行為の相互作用の視点から考えるヴェーバー社会学にとって重要な点だと思われる。

以上を踏まえて、現代社会における専門化/意味喪失の進行という状況が、専門的な科学技術によって支えられている現代社会のなかでいかなる問題を生じさせうるかお聞きしたい。アッハム氏が指摘されるように、統計的平均値の規範化など科学の主張する「客観性」に対する個々人の「不断の懐疑」は重要だと思われる。そうした懐疑への精神的態度をいかに形成するかという問題とあわせてお考えをお聞きしたい。

細見和之コメント

アッハム氏へのコメント

ヴェーバーの思想を「十九世紀の伝統主義者と、より新しい、ヴェーバー以降の時代に分類される反伝統主義者との交差点」に位置づけ、伝統主義者と反伝統主義者の合理性概念の不適切さ、不十分さを浮き彫りにしつつ、ヴェーバーの合理性概念の潜在力を再確認する——アッハム教授の発表の大枠をそのように理解した。

私自身はアドルノやベンヤミンを中心に批判理論の研究に取り組んできた。その立場からすると、本発表でのアッハム教授のご主張はよく理解できる。アッハム教授は批判理論をマルクス主義的なイデオロギー批判の文脈に位置づけておられるかもしれないが、私自身は批判理論の本領は、そのようなイデオロギー批判を含みながらも、特定の立場に依拠することなく、「限定的批判」を提示し続けるところにあると考えている。したがって、アッハム教授のヴェーバーのイメージは、むしろ私が考える批判理論にかなり近いものではないかと思う。

そのうえで確認すると、たとえば最近の政治学では、とくにロールズ以降の傾向として、決定的な点で道徳哲学に依拠しているところがあると思われる。政治学でありながら、道徳的直観

（むしろ直感）に最終的な根拠を置いているかのような議論にしばしば出くわして、私自身は戸惑うことが多くある。アッハム教授の今回の講演でも最後はこう結ばれている。

神の証明を必要とする人が原則的にはすでに信仰を失っているように、世界の飢えや貧窮、暴力やテロ、痛みや苦しみや醜さが、自由（や他のいくつかのもの）への価値の信仰告白を基礎として取り除くことができるという証明を必要としている人は、すでに自らの道徳を失っているのである。（本書、五七頁）

この一文をどう受けとめるかは、アッハム教授の考えの方向を理解するうえで、大変重要だろうと思われる。アッハム教授は「自由（や他のいくつかのもの）への価値の信仰」がそのままで、「世界の飢えや貧窮、暴力やテロ、痛みや苦しみや醜さ」を除去しうると考えておられるだろうか。現在「飢えや貧窮、暴力やテロ、痛みや苦しみや醜さ」が世界に蔓延していることは、日々のニュースが伝えるとおりである。その現状と私たちの「道徳」はどのような関係に置かれているのであろうか。やはり「道徳」では太刀打ちできないのがそのような「世界」の問題ではないだろうか。

さらに、脳死や臓器移植などの問題になると、私たちの「道徳」はきわめて無力ではないだろうか。しかも、しばしば私たちの道徳的直観（直感）はレトリックにも左右されてしまう。たとえば、「一方に回復不可能な脳死患者があり、他方に臓器をいままさに必要としている子どもがいる」という言い方と、「まだ温もりがあって心臓の鼓動が聞こえている患者から臓器を摘出する」という言い方では、それに対する私たちの道徳的直観（直感）は確実に異なることであろう。

私たちの道徳的直観（直感）をもひとつの要素として組み込みながら、アッハム教授が一方で引かれている「不断の懐疑」を現状に突きつけること――そのような絶えざる省察としての合理性概念こそ、私たちが最後に依拠すべき合理性の概念なのではないだろうか。

質問項目として

（1）論文末尾のアッハム教授のお考えの「真意」について。

（2）社会学と道徳の関係をどのように考えておられるか。

（3）あらゆる角度から絶えざる省察を加えるという意味での「反省的合理性」というような合理性概念を想定することは可能であろうか。

ヴァイス氏へのコメント

ヴェーバーの「カリスマ」の概念に焦点を置きつつ、ヴェーバーの「カリスマ」を人格性から切り離す最近のヴェーバー研究の傾向とは反対に、まさしく社会学的な限界概念にも位置するような「人格性」との結合のうちにヴェーバーのカリスマ概念を置き直し、キルケゴール的な「単独者／例外者」をも分析の対象としうるような「批判的な潜在力」を備えた思想としてヴェーバーを捉え返そうとする試み――そのようなものとしてヴァイス教授の発表を理解した。

そのうえで確認すると、ヴァイス教授は「カリスマ」概念を、ヴェーバーのもつ「批判的な潜在力」の一例と考えられているのか、それともそこにこそその「批判的な潜在力」が存在している、いわば特権的なトポスと考えられているのか（もしも後者だとすれば、ヴェーバーの全体からすればいささか狭い印象にもなる）。

いずれにしろ、カリスマ分析に現在の社会学もしくは反社会学的とも言うべき社会学の「批判的な潜在力」が秘められている、というのがヴァイス教授の立場だと思われる。その際、「真正のカリスマ」と「偽のカリスマ」という区分について、教授の立場が私には見えにくいところがある。もちろん、カリスマに心酔している者たちの主観的経験においては、二つの区分は存在しないであろう（すべては「真正のカリスマ」である）。しかし、ヴァイス教授はあくまで「客観的」には両者を区別しうると考えておられるようにも受け取れる。社会学はその対象の「分化」（差異化）を通じて、カリスマという単独的な現象をも分析対象としうる、というのがヴァイス教授のお考えだと思う。その際の「分化」（差異化）の具体的な内実について、もう少しおうかがいしたいと思う。

しかし、そもそも「客観的に真正なカリスマ」といったものが存在しうるのであろうか。もちろん、旧約に登場する「預言者たち」をそのような真正なカリスマの典型とヴェーバーはみなしていたのであろうが、彼らとたとえばヒトラーを本当に区別しうる客観的な指標は存在するのであろうか。その区別はあくまで事後の歴史的な評価にすぎないのではないか。たとえば、フィヒテはナポレオン戦争敗北直後のあの講演『ドイツ国民に告ぐ』で自分を明らかに「預言者」の位置においているが、旧約の預言者とフィヒテ、さらにはヒトラーを客観的に区別することは可能であろうか。

私自身はそもそも「カリスマ」という現象を可能なかぎり無化する方向をとりたいと考えている。どのように無化しようともカリスマという現象が現れうる可能性が存在するかぎり、カリスマの分析は不可欠だろうと思われる。しかし、その際でも、「真正のカリスマ」という概念はもはや不要ではないだろうか。そこにはどこか「真正のカリスマ」を待望するような雰囲気がまとわりついている。むしろ、私たちの時代においてはあらゆるカリスマを「偽りのカリスマ」として批判的に分析する視座こそが重要ではないだろうか。

質問項目として

（1）ヴェーバーの「カリスマ」概念はヴァイス教授にとってヴェーバー思想の「批判的な潜在力」の特権的なトポスなのか。

（2）ヴァイス教授は「客観的に真正なカリスマ」といったものが現実に存在する（あるいは存在した）とお考えなのか。存在する（存在した）とすればその基準は何か。

（3）私たちの時代においては、むしろあらゆるカリスマを「偽りのカリスマ」として批判的に分析することこそが重要なのではないか。

土方　透コメント

本日の両教授の講演は、「語りえないもの」「記述しえないもの」をぎりぎりまで描出した試みであるように思える。アッハム教授は、詳細な論証の最後でそっと「道徳」を掲げ、ヴァイス教授は、正確には規定できず、だからといってけっしておろそかにされるべきではない「残余カテゴリー」について述べられた。

いずれにせよ従来の合理性の含意には収まりきれない「なにものか」が、秘かに、あるいはより強力に主張されているのではないか。ここに焦点を当てたいと思い、本シンポジウムを企画した次第である。したがって、コーディネーターとして、ここでは両教授の講演に対するコメントというより、本日の講演者に私の依って立つ理論的枠組みを提示し、そのことで次なる議論を開く手がかりを得たいと考える。

質問の前提

1　「合理性」

「合理性」の議論は、ヴェーバーの理論自体においてはともかくも、ヴェーバーを経て、（非-合理性の側ではなく）合理性の側で議論されている。つまり、合理性の質・内容に定位して議論されている。

2　「合理性」という形式

合理性の議論によって指し示されるものは、本来、合理／非合理 nicht-rational の「区別」Unterscheidung の議論ではないか。つまり、なにが合理的か、なにが非-合理的か、という議論を可能にする区分、すなわち「／」が議論されているのではないか。

そこで行われた区別そのものは合理的区別である。つまり「／」は、合理性に属する。それは合理性の側に定位してなされた区別であり、合理性の基準のもとに非合理とされたである。その意味で、それは「合理化された非合理」あるいは合理的非合理性と呼べよう。

3　「非-合理性」認識のアポリア

以上から、そもそも合理性の議論は、裸の非-合理性を対象としえない。それは、合理性の逆の側に見られているもの（非-合理性）として、合理性を支える機能を果たしている。

4　合理性が表すもの

したがって、合理性が表すものは「合理／非合理」というまとまり、すなわち合理的なユニットである。この合理的ユニットは、それに対する非合理的な面を生起させる。それは、延々と続く。すなわち、合理／非合理→「合理／非合理」／非合理→[「合理／非合理」／非合理]／非合理・・・という区別として続きうる。つまり、区別、区別の区別、区別の区別の区別・・・と続く。その意味で、合理性とは区別のプロセスであり、合理性の示し続けるものは、非合理的なるもののさらなる先鋭化ということになろう。

質問

しかし、先にも述べたように「真の非-合理的なるもの」は依然として見えない。したがって、見えないものを見るというアポリアが生ずる。「語り得ぬ問題について語ることの不可能性」は、どう解決するのか。これは、解決できない。そこで問題を変更したい。すなわち、語り得ぬ問題について語ることが不可能であるという「解決不能性」を解決するか。

つまり、「有限は無限を容れ得ない(finitum infiniti non capax est)」が、「この容れ得ない」ことは、有限からは語り得ないはずである。なぜなら、有限は無限を本来的に見ることができないからだ。つまり、このアポリアの解決は非-合理性に依るしかない。合理的には解決不可能であるということだ。そこで、まずはこのアポリアの合理的な解決の不可能性を合理的に記述することが必要なのではないか(原理的には、それしかない、それしかできないのではないか)。

本日の両教授の講演は、記述可能性と記述不可能性との狭間を示唆する議論のように思われる。そこで示唆されたものは、いうなれば合理性を突破（durchbruch）するものなのだろうか。そうではなくて、合理性に回収されうるものなのだろうか。あるいは、そのどちらでもなく、それ以外の第三のものなのだろうか。

言い換えれば、近代は記述可能なるものの領域を増やしてきたともいえる。しかしそれは同時に、ポスト合理性という問題設定が可能であるということから明らかなように、記述しえないものの存在が先鋭化されてきたといえるだろう。だとするならば、その「記述しえないもの」を記述する可能性は、近代以前と近代以降と、あるいはまたヴェーバーの議論以前と以後と、どのように変わったと考えられようか。それが両教授に、お聞きしたい点である。

アッハム、ヴァイス両教授の応答

アッハム教授の応答

（渡會　知子　訳）

姜尚中への応答

（1）ヴェーバーは「文化人（Kulturmenschen）」と、近代の分業社会における「専門家（Fachmenschen）」とを理念型として分けている。文化人とは、世界を熟知している者であり、意識的に世界に対して立場表明をし、そこで自らが占める固有の役割を見定める能力をもつ者である。彼は一般的なものに習熟し、そのうえである特定の役割を引き受ける。それに対して専門家は、特殊な課題を克服することに自己実現を見出しており、一般的な関連に関する洞察にはなんの感受性ももってはいない。ただし、このような理念型化は、現実にはその中間的なタイプが可能であるということを否定するものではない。したがって、高度に専門的な科学者が文化人の権能において、現実のオルタナティブと照らし合わせながらある特定の機能を意識的に引き受けるということもまた、排除されているわけではない。そうなるとその科学者は、しかしながら、もはや狭い意味での専門家ではないのだろうが。

（2）ヴェーバーによれば「文化人という気質（Kulturmenschentum）」は、かつては伝承され、外界からも見ることのできるような、ある立場の生活態度としてであった。これに対して今日では――一九一九年にヴェーバーが自らの講演『職業としての学問』の終わり近くで詳しく述べたように――究極でもっとも高潔な諸価値というものは、公共性から、神秘的生活の裏世界的な帝国のなかへ、あるいは直接的かつ私的な関係の連帯のなかへ引っ込んでしまっている。ヴェーバーが言うに、自らを文化人だと感じる学者にとっては――彼が思考や知識、諸問題を通してつねに洗練化されていくがゆえに――伝統的にあらかじめ規定されているのではないような個人的な決断が必要になってくる。このことは多元的になった世界――つまり神秘的-魔術的な世界観の「脱魔術化」によって、かつては存在していた均質的な価値指向が失われてしまった世界ということだが――における個人化という時代の流れに対応している。しかし、こうした決定は、なんらかの恣意的な観点から行うことのできるような「決断」ではない。

ヴェーバーによれば、彼の同時代の学者は、次のような可能性に直面していると考えていた。自らの行いの目的に対して独自の「最終的な態度表明」を明確にしようとする試み、それに関連している道徳的かつ「知的な権利創造の義務」を「気の弱い相対化」によって回避してしまうこと、「無条件の宗教的な献身」、そして最後に、「狂信的な派閥」を作りながら、けっして「本物の共同体」を作ることのない「講壇からの予言めいた訓示」という代理宗教的な態度、である。ヴェーバーは、「知的な権利創造の義務」という最初の道を選んだ。言及されなかった第三の道に対しても、ヴェーバーは理解をもっていた。ただ彼は自らの決断としては、他の二つの道を拒否したのである。

（3）ここで行われた指摘と質問は、重要な考察を含んでいる。実際、ヴェーバーにおいて問題となっていたのは、「自然主義」の方法的狭隘化を回避することであった。自然主義とはつまり、人間の行動をもっぱら自然界の出来事と同じモデルで解釈しようと試み、その際、この観点を、オルタナティブな行為の可能性に置き換え、またそれによって、成果と評判、失敗と非難、罪と償いといった道徳政治的な分類に取って代えてしまう立場である。本物の決断とは、自主性を含意しているものである。自主性とは最終的に、個人的な責任を引き受けることを含意している。このことはしかし、（可能ではあるものの）結果として必ずしも孤立を引き起こすものではない。

連帯の共同体との関係は、諸個人にとって、己の決断の基盤をなすかもしれない。しかしながら、個人は、最終的には自分自身で責任を負わなくてはならない。それは困難なことだろう。しかしそれが、個人の尊厳の核心的な要素を成すのである。このことは、相互承認の拒否や共同体的な関係の拒否といったこととはなんの関係もない。それどころかヴェーバーは、性質の似通った者同士の連帯や絆に対しては非常に高い感受性をもっていた。おそらくヴェーバーなら、エスノセントリズム批判に対しても、そのような共同体を――今日ならコミュニタリアンについてわれわれが知っているのと似たようなやり方で――擁護しただろう。ただしそれが、かつて約束されていた幸福や「善き生」を求める大衆的な企てのために動員されることはなかった。またヴェーバーは、コンセンサスを不当に要求することに対して、これ以上ないくらいに強い疑いをもっていた。というのも、そのような要求は、実際には、間主観的な検査や、その上に築かれた支配から自由な意見の一致といったこととはほとんど関係がなく、むしろ規範的暗示であるとかレトリック上強化された集団の圧力といったことと、より密接に関係しているからである。

そこでカリスマ的なリーダーシップ（Führertum）に対するヴェーバーの関心についてであるが、彼の政治社会学において明らかにされたように、これは――場合によっては己の弱点に起因するような――「強い人間」の美化とは関係がないと思われる。ここで関係があるのは、そうではなく、近代の多党制民主主義が、多くのリーダーを――さもなければなんの拘束力もなく恣意的に拡散しがちな――大衆の意見の凝縮ポイントとして必要としているという確信である。信用に足るような価値観を代表しようとするカリスマは、行政の公務員や統治機構によっては代理されえないのである。

ヴェーバーが一九〇〇年ごろ、かなり長い期間にわたってひどい神経症に苦しんだということは実際正しい。このことを彼の論説の内容と関係づけようとすることは、しかしながら、たとえば似たような病気に似たようなやり方で――とりわけ精神的な消耗の結果というわけではおそらくなく――苦しんだことのあるオーギュスト・コント、ジョン・スチュアート・ミル、そしてハーバート・スペンサーのケースと同様に難しいであろう。医学的に見出されたことが、患者の発言の有効性について何を意味するというのだろうか。マルクスの癤《せつ》もニーチェの精神的崩壊も、彼らの作品を実際より良くあるいは悪くしたわけではない。ヴェーバーの場合も同様に、作品解釈が病気の発見によって置き換えられてしまうことはありえないし、彼の著作の価値がそのことによって「相対化」されることもない。だがこういった回答は、もしかすると、私に対して向けられた質問の意味をすでに飛び出してしまっているのかもしれない。

荒川敏彦への応答

（1）ヴェーバーは、日常的な、とりわけ経済的な業務のレベルにおいて「ギブ・アンド・テイク」の原則に基づくある種の功利主義的な目的合理性が見られるということを否定していないし、またそれが宗教的な領域で見られるということも否定していない。宗教的な領域では、目的合理性とは、祈りとそれが期待どおりに聞き入れられることとの関係、宗教的犠牲のかわりに赦しを期待することの関係について言うことができる。しかしこのような、経済と宗教に同様に見られる思考様式と行動様式のほかに、ヴェーバーにおいては、合理性が非合理的な生活態度へと肥大化していくような、補償的あるいは弁証法的転換ともいえる可能性が存在している。このように言うと、われわれはもっぱら――ヴェーバーによって何度も考察されているように――ほとんどすべての生活領域に見られる官僚制的な合理化の雰囲気のなかにおいて必ずしも無害ではないようなカリスマが登場する可能性について考えるのだが、しかし、ヴェーバーが彼の論文『職業としての学問』の終わりで述べているように、学者による宗教的な転向という「思考能力の犠牲」についても考えることができるだろう。

科学的理性の擁護者と宗教的信仰の擁護者が共存することは、ヴェーバーにとっては間違ったことではなかった。彼は、自分としては仕事をし、そして「日々の要求」を正当に評価することを選んだものの、先に述べたように改宗者を――彼自身がそう述べているように――叱責しようとは思っていなかった。彼らには、その時代の運命を背負うことがあまりにも困難に感じられたのだ。ヴェーバーが彼らを叱責しなかったのは、無条件の宗教的献身のために思考能力を犠牲にすることは、ともかくも気の弱い相対主義よりも道徳的には高尚で、また講壇から訓示を垂れるような態度よりもやはり高尚だと思われたからである。つまり後者のどちらのケースにおいても、学問への純粋な献身が欠けているのだ。ヴェーバーによれば、一方のケースでは恣意的な決断主義が、また他方のケースにおいては興行師としてのポーズをとり（講堂の）ステージに立つことが重要なのである。

ただしヴェーバーは、補償という心理的動態の理解に基づいて、今日のグローバリゼーションの局面においては次のことを唱えただろう。すなわち、アポロ的な「光をもたらすもの」の啓蒙された合理性に対して、デュオニソス的な熱狂家の情熱が解放される可能性があることを帰結として考慮に入れることである。人間の情熱は、原子力発電所や臓器医療、あるいはコマーシャル・チェーン、銀行、そして大企業といった技術的・経済的な合理性の象徴に対して向けられている。いくつかはヴェーバーにとって賢いものとして映るかもしれない。しかし全体的な批判としては――そう推測してよいだろうが――「不毛な興奮」、しかも自己否定の傾向から自由ではないような数ある不毛な興奮のバリエーションの一つにすぎないと言うだろう。

（2）未回答

（3）引用された箇所においてヴェーバーにとって問題となっているのは、自らを科学的だと称する歴史形而上学のある特定の傾向に対する批判である。すなわち、発展原則が「客観的」に証明可能だとする学説についての批判である。その学説によれば、歴史発展から外れて道に迷わないようにするために、自らの未来志向の行為においてどのように振る舞うべきかを推測することができる。ヴェーバーが、一九一七年に出版された彼の有名な「価値自由」論文のなかで述べているのと同様に、オーストリアの法理論・国家理論家であるアドルフ・メンツェルは彼の著作『自然権と社会学』において一九一二年に次のことを示している。すなわち、特定の代表的な社会学者が、事実に関する誤った言明に基づいて、人間行動についての価値判断と政治的関心の正当化とをいかにして行っているかということである。そこで試みられているのは、確認済みだといわれる発展法則から、社会的かつ政治的理想を公準として立ち上げ、それを主張された歴史傾向に照らして――意識的にせよ無意識的にせよ――「科学的に」正当化しようとすることである。「成功あるいはそのつど成功を約束するものに対して内的に同調する」人間の傾向は、ヴェーバーによっては、いわゆる「現実政治」のための特定の態度として激しく批判されていた。ヴェーバーは言っている。「よりによって経験科学の代表者がなぜ、そのつどの『発展傾向』に対する喝采者（Beifallssalve）として存在し、部分的に『科学』の権威によって裏付けられているといわれる原則への『適応』を行う必要を感じなくてはいけないのか、理解ができない」。歴史経過への適応を促すために個人的な価値の態度表明を停止させるような倫理は、ヴェーバーにとってまったく不快なものであった。

細見和之への応答

（1）最後の文章は、次のようなものだった。

神の証明を必要とする人が、原則的にはすでに信仰を失っているように、世界の飢えや貧窮、暴力やテロ、痛みや苦しみや醜さが、自由（や他のいくつかのもの）への価値の信仰告白を基礎として取り除くことができるという証明を必要としている人は、すでに自らの道徳を失っているのである。

ここで言われているのは、次のことである。すなわち、ある程度現実感覚を失ってしまった人々に対してのみその有効性を「証明」しなくてはいけないような価値があるということである。とりわけ自由という価値がこれに当たる。というのも、自由という価値の実現によって初めて、他の特定の価値生成の内容と形式が可能になるからである。たとえば暴力と不正に対する批判のように、しかしまた公正や平等という理想の吟味ならびにその実現に関する考察のように。このことは、道徳的に振る舞っている者にとってはすでにそれ自体で明らかであり、証明を必要としないものである。ちょうど信心深い人が神の存在について証明を必要としていないように、である。要求された「証明」に対しては、どちらのケースにおいても——彼らがその助けを借りて、筋の通らないことや不確実になったものを道徳や宗教（あるいはもっと言えば、倫理や神学、つまり道徳と神についての教説）の側に招き入れることを期待している限り——せいぜい修辞的でプラグマティックな特性が割り当てられるだけであろう。

われわれは——ヴェーバーも再三再四、指摘し続けたように——他者や自らを自律的な道徳的決定から罷免してやるために、実践的な評価に対して科学的証明可能性のマントをかぶせようとするべきではない。

（2）社会学の利用手段——つまり社会学の研究上のテクニックや正当化の方法——にとって、

道徳は内在的なものではない。社会学の思考や議論の過程で――すべての学問的行為におけるのと同様に――特定の価値や美徳が、科学者の側で前提にされているにもかかわらずである。ここで想定しているのは、たとえば、自らを批判にさらし、よりよい議論の力を正当に認めようとする姿勢、だがまた自らのディシプリンの濫用の可能性に関しては、イデオロギー批判的な観点においてつねに注意深くあることである。社会学はしかしながら、ヴェーバーが明らかに認識していたように、価値の分析に対して高い重要性を――価値の確実性を高めるための審級としてではなく――もっている。というのも、社会学は、われわれを導いている価値や美徳の発生、変化、そして持続について認識することを教えることによって、その特色について語ることができるからである。これはとりわけ、さまざまな時代とさまざまな世界宗教における、さまざまな社会的、文化的ミリュー内での規範的内容の影響の仕方を分析することによって行われる。

比較考量は――ヴェーバーが「客観性」と「価値自由」の問題および「学問という職業」に関する有名な論文において行ったように――このような関連において重要である。とりわけ比較考量に含まれるのは次のことである。すなわち、潜在的価値の探索と説明、またそれに関連した状況特殊的な規範（規則と禁則）、さらに目的（価値）と動員された手段（規範）との論理的な一貫性についての考察、ならびに目的と手段のそれぞれそのつどの論理的一貫性に関する考察、そして最後に、利用しうる手段に応じた目的の実現可能性に関する比較考量である。ヴェーバーの意味において営まれてきた社会学は、われわれの「現実感覚」をわれわれの「可能性感覚」（ロベルト・ムージル）と同様に先鋭化することができる。これが可能になるのは、社会学が、特殊な社会的――また経済、政治、文化も含むような――条件における価値と規範の実現可能性を、またどのような人間類型がどのような条件のもとで優位に立つのかを問うときである。道徳的に責任をとることが可能な行動は、両方の感覚の次元において意識的である必要がある。

（3）たしかに、反省性は人間の本質的な特徴である。そしてそれは自らを否認するという不幸な結果をもつ。ひっきりなしに反省し続けるということもまた、ノイローゼを引き起こすものであるだけに、やはり不幸な結果をもたらしうる。つまり継続的に反省し続けることによって、動機の薄弱や、誤って美化された知性を行為の補塡にしてしまうという退行が生じる可能性がある。いつも思考について思考するだけではなく、より具体的なものについて考えることが賢明である時点というのが、時としてあるものである。

土方透への応答

合理性という、経験と理性の上につくられた形式を手段として、非合理的なものを記述することの困難について述べることによって、土方教授は、全体社会にとって有意味な事情を社会科学的に記述することの根本的問題について触れている。それゆえに、この歴史的ともシステム的とも理解できる問いに対する回答の試みもまた、短いものではありえない。

もし現代社会を機能領域に応じて、経済、政治、教育、法、科学、芸術、宗教などに分けるとしたら、社会学はこのうちただ一つの機能システム、すなわち科学に属するにすぎない。ニクラス・ルーマンは、社会学が社会という統一体について概念を彫琢しうること、しかしそれはただ科学という立場から、つまりは「真／非-真」というコードに従ってであるにすぎないということに、われわれの目を向けさせた。ゆえに社会学は、たとえば、政治に助言することを意図することはできるものの、しかし政治システムという意味で行われる社会の（再）構築は、まったく別の結果に至るということを認めなくてはいけない。というのも、政治のコードは、「権力／非-権力」だからである。同様のことは、たとえば（システムに特殊なコミュニケーションの主要区別として）「内在的／超越的」というコードをもっている宗教、あるいは「法／不法」というコード化を行う法律を社会科学的に記述する場合にも当てはまる。社会学は、自らに特徴的な見方に基づいて記述を行う。その記述にとって構成的な概念的マトリックスとは、ルーマンによれば、次のことである。すなわち、社会学は、政治、宗教、法という機能領域について、「見ることのできないものは見ることができない」ということである。カテゴリーの誤謬を避けるために、また記述の過程で適当ではない妥当性要求を行わないために、自らの研究における「盲点」を意識しておくことは、あらゆる社会分析家にとって、知的誠実さに属するものである。

土方氏が包摂と排除という独特のアンビバレンスによって特徴づけたような、理性的なものと理性的ではないもの（不理性、非理性、反理性）との関係もまた、まったくこれに対応するものである。理性的ではないものを理性的な議論の背景あるいは要素として考慮することについては、過去すでに、記述的にも規範的にも非合理主義者が言っている。記述的理念主義者は、人間の行動はわれわれの知能によっては導かれていない、あるいはそれだけで導かれているわけではないという確信をもっている。他方、規範的な非合理主義者は、人間の行動はわれわれの知能によって導かれるべきではないという観点をもっている。規範的非合理主義者としてはルソーがいる。彼は感情的なものを強調するのと同時に、彼にとって詭弁と映っていた理性的議論に対して強い侮蔑を感じていた。一方、記述的な非合理主義者の代表としてヒュームは、われわれの精神的な能力のなかで、すべての行為と行動にとってそもそもの原動力をなす感情の力を強調していた。

だがこの理解は、感情によって導かれたわれわれの意志がイマジネーションにおいても現実においても自らの表現を見出すことになる地面のただ表面を照らすにすぎないものであった。ショーペンハウアーにとっては逆に、原動力となる性格を有しているのは意志であった。フロイトにとっては、それとは違って無意識、すなわちエロスとタナトス、生きる欲求と死ぬ欲求との影響領域がそれに対応している。フロイトは、「合理化」に関する批判的な分析形式を、バレートの「派生」についての論述と共有している。すなわちそこで問題とされているのは、原動力によって導かれた本源的な行動の二次的な、つまりは後付けによる見せかけの説明と合理性を偽った正当化である。

ヴェーバーにとって非常に重要な理論家であるニーチェにとっては、周知のように、フリードリッヒ・シュレーゲルによってドイツ語圏の哲学的文献へと紹介されたアポロ的・デュオニソス的という対概念が、決定的な役割を果たしていた。その役割は、理性的なものと理性的ではないものとの関係に関する後期の分析にとっても維持されていたはずである。「アポロ的・デュオニソス的」という対立的な対概念によって記述されるのは、人間的な行動の相反する二つの特性である。その際、ギリシアの神であるアポロとデュオニソスに帰属される特別な性質が利用されているのである。「アポロ的」とは形式と秩序を、「デュオニソス的」とは陶酔的なこと、そしてすべての形式を吹き飛ばしてしまうような創造の衝動を表している。「カリスマ」についてのヴェーバーの分析は、ある仕方でこれと関連がある。彼が『経済と社会』において論述しているように、カリスマ的な支配は、支配者の人格とその賜物（カリスマ）――とりわけ魔術的能力、天啓的なひらめきや英雄性、精神的力と演説の力といったもの――への感情的献身に基づいている。永遠に新しいもの、平日的ではないもの、けっして実在しないもの、そして感情的に心を奪われていること、それらが私的な献身の源泉となる。その際、ヴェーバーにとって「合法的-合理的」であることと「カリスマ的な支配」とは、「合理的」行為と「感情的」行為と同様に、またすでにニーチェにとっては「アポロ的」と「デュオニソス的」がそうであったのと同様に、対概念を成している。彼にとっては、歴史的に振り返ってみて繰り返し確認できるように、小切手帳の経済的合理性と祈禱書とは調和しうるように見えなかっただけでなく、近代産業と官僚制における技術的合理性もまた、合理性以前のもの、あるいは合理性を超えたもののさまざまな形式と調和するようには見えなかった。すなわち、学校へ行かず自宅に閉じこもって勉強するような非合理性への退却、あるいは宗教的な儀式によって可能となる罪の感覚や存在不安の感覚からの解放を欲する集団の期待といったものとは調和しないと思われていた。

オズワルド・シュペングラーの「第二の敬虔さ」に関する考察はこれに関係するだろう。彼によればそれは、必ずしも文化形態学的な法則性から派生するものではなく、近代の普遍的な文明化という条件から社会心理学的に説明されうるものである。近代の普遍的文明化はつまり、かくまわれて安全であるという感覚をもたらすことなく、ゆえに近代の所得と消費という社会の雰囲気は、その経済的な合理性と一緒に、自己疎外と自己発見に対する願望も呼び覚ますのである。このことは、シュペングラーにおけるのと同様に、宗教的なものの帰還として表現されうる。しかしながらたとえば、今日のように、地域主義や伝統主義といったアイデンティティを見出すための形式においてと同様、さまざまなコミュニタリアン的な生活様式や思考様式においても表現されうる。

現在見られる、理性以前のものと理性を超えるものとのある種の復権は、われわれが「原理主義」と呼ぶ運動、すなわち普遍的な「西洋化」――その擁護者はこれをとりわけすべての生活領域の合理化であると理解しているのだが――に対抗する運動に表れている。西洋の啓蒙と進歩観は――原理主義者の考えに従えば――宗教的観点と、それらと一致する政治的機構に対して疑いを差し挟んだ。西洋的な合理性は、すべてのものについて理由を、理由に対する理由をも、要求した。そしてそれは信徒が拠って立つ基盤を引き抜いてしまう恐れをもっている。それゆえに、それらによっては動揺されえないような原則に基づくことが重要になってくる。すなわちどんな計算上の吟味も免れるような価値と規範、そして知的で疑い深い人による批難からの浸食作用に対して抵抗しうる価値と規範に基づくことである。

原理主義者たちは、したがって、（西洋的な合理性に対しての）挑戦となった。というのも、彼らはとりわけ経済的合理性の普遍的命令に従ってはいないからであり、歴史的に見出される他の多くの心情倫理家たちのようには、快適さによっておびき寄せられることもないからである。現代のリベラルな社会は、このような、古代のメンタリティにとどまる現代の非合理なものを認識し——可能な限りにおいて——理解することを学ばなくてはならない。われわれがただ馴染みのないものとして位置づけてきたがためにわれわれにとっては非合理的であるように見えているものを少なくとも理解しようとすること——それはただちに正当化することを意味していないのだが——を拒否し続けるなら、その関係性は気まずい状況に向かってしまう可能性がある。すなわち、まずは原理主義者が自己犠牲をいとわないようなところでレッセ・フェールと経済的合理性の偶像がぐらつき始め、長期的にはもしかするとそれはもっと大きくもっと重大なことになっていくかもしれないのだ。

ヴァイス教授の応答

（佐藤　貴史　訳）

姜尚中への応答

ジンメルに対する私の指示は際立って重要な事情に関わっている。すなわち、ジンメルはマックス・ヴェーバーよりもさらにはっきりかつ決定的な仕方で、社会学の目を個人性、それも「質的な」意味において、代替不可能な単独性、特異性としての個人性の社会的・文化的意義へと向けさせたのである。この個人性は、ジンメルによれば「例外」（たとえば、カリスマ的人格性のメルクマール）としてだけでなく、あらゆる社会化の構成的前提や決定子、したがってあらゆる社会学的認識の「アプリオリ」としても考えられなければならない。マックス・ヴェーバーはこの見解を共有していたが、ジンメルと同じくらい明確には述べなかったと思われる。しかし、私には彼の理解社会学は方法論的ならびに概念-理論的観点から見れば、社会学的な「事実研究」の枠組みのなかでこの見解を評価するのにより適していると思われる。たしかにこのような「事実研究」は社会的出来事の「諸規則」（そしてまた諸形式）を求める。とはいえ、主観的に考えられた意味に対する制限は、諸概念と定理に関する理念型的性質に大きな強調点を置くことと結合し、歴史における個別的なものと個々のアクターに関する止揚不可能でそれどころか「因果的な」意義を社会学的パースペクティブから消失せないことに役立っている。このことは全般的に見て、しかしまったく特殊な基準においてカリスマ的支配の理念型の構築とその利用と思われる。ゲオルク・ジンメルのもとでは、これに対応する方法論的、もしくは理論的検討は見出されない。またそのほかの点では、彼の関心は社会学の範囲内に立てられることもできず、そこで答えることもできない人間的個性の根本的問いへとどんどん移っていくのである。

荒川敏彦への応答

歴史的・社会学的「事実研究」（ヴェーバー）は、たとえば神学とは異なり、カリスマを「それ自体として」ではなく、特定の集団の責任を特定の個人に帰する行為の認識と／あるいはその力の並外れた、まったき法外な深みとして主題化し研究する——結果的に、特定の集団は特定の個人に服従し、その指導のもとでまずは自ら自身とその存在を、しかしさらには社会を根本から、必要とあらば、生命を賭してまで変革する準備がある。このような責任、——この意味における——カリスマ的な資格に対する強力な信念とそれに服従する心構えは文化的・社会的ダイナミクスを特殊な性質と影響力から生み出すことができる。そして、これらのことがマックス・ヴェーバーによればカリスマを、とくに宗教と政治の領域におけるもっとも重要な「革命的力」へと変える。この点で社会的アクターによって（たいてい、無制限ではなく、「指導者」自身によっても）信じられないカリスマは、社会学にとって重要性をもたない。それにもかかわらず、カリスマ――そして、その証明と非証明――に対する信頼がどのような能力と行為に依拠しているかを、社会学的観察のパースペクティブから研究することは可能であり、また必要だと思われる。言い換えれば、社会学はその可能性の枠組みに基づいて、とにかく問題となっている歴史的状況のなかで仮定された能力が事実上並外れており、きわめてラディカルで革命的であったかどうかを、そしてもしそうであればどのような基準でそれが言えるのかを吟味することを断念してはならず、すべきではないだろう。その結果、社会学による帰責は責任を負わすことの限界づけもしくはルサンチマンや/あるいは「指導者」による巧みな操作からのみ説明することはできない。「真正」カリスマに関する発言でもって、ヴェーバーは人格的で、したがって客体化されない形式、または日常化されない形式に照準を当て、さらには社会学的観点から見ても「独創的な」仕方で影響力をもって働くものに狙いを定める。社会学的に考察すれば、預言者、宗教創設者、あるいは革命指導者の働きはけっして実存からではなく、尋常ではない、もしかしたら稀にみる能力の純然たる「責任」あるいは「製作」からいつも完全な仕方で説明されると考えることには、まったく納得がいかない。このような能力が単に帰せられ構築され、そうでなければ事実上与えられているだけであるかどうかを発見するためには、その能力はなんらかの責任とは関係なく把握されなければならない。社会学がなしうること——そして、しなければならないこと——は、いかなる能力（洞察の新しさと深み、演説の力、行為における展望と勇気）が、その能力をまさに超人間的ではない（したがって神／神々によって与えられていない）にしても、まったく比較を絶するものとして理解するための根拠を与えることができ、そしてそれを与えたのかを確かめることである。そうして、そうしてのみ、このような「二階の観察」は、カリスマの責任が欺瞞、幻想、あるいは意識的な策動／製作からさらに進んで説明できるという結論にも達する。よく知られているような仕方で説明されるべきカリスマ-責任と／あるいはそれに由来する「革命」が主として、あるいは結局のところ破壊的な結果を伴うかどうか、そしてなぜ伴うのかという問いに答えることをできる可能性が最終的に生じる。

機能的に分化した社会においては、異常な資質を見分け、その資質を、ヴェーバーによって考えられた意味において「カリスマ的人格」とみなし、影響をもちうる特定の個人に帰することが明らかになることは必ずしもないだろう。このことは、かかる資質がその語が意味するように社会ないしは文化の全体に、そしてその根本的な変革に関係があるということから説明される。このような包括的な要求をするために、カリスマ的支配は主として宗教的かつ／あるいは政治的特質をもっている。しかし機能分化とは、社会的全体、つまり社会の包括的統一性は弱い形式のなかでやっと存在し必要となることである。こうして、――多かれ少なかれ――なぜ真正の強力な「カリスマ主義」（マックス・ヴェーバー）が、疑似宗教的な「世界観」の助けを借りて、あらゆる生の領域に侵入する包括的な政治的秩序を打ち建てた二十世紀における二つの全体主義的運動とシステムのなかでのみ現れ、勝利を収めることができたかがわかる。

細見和之への応答

（1）に対して

すでに述べたように、マックス・ヴェーバーはカリスマのうちに、一義的には「真正」カリスマ、つまり人格的なカリスマのうちに、「批判的な潜在力」だけでなく、とりわけ宗教と政治の領域における「すぐれて創造的で革命的な歴史の力」を見る。そもそもカリスマが影響力をもつならば、それは所与の秩序はもちろん、法秩序のラディカルな批判と止揚の形式においてである。すなわち、「こう書いてある―あなたがたに言っておく」。ヴェーバーによれば、このような仕方でカリスマ的支配は理解され正当化される。彼の社会学は、それゆえ「批判的な潜在力」をも備えている。というのも、ヴェーバーの社会学はカリスマとともに、従来の社会学的説明の境界線を根本的に疑い、それを超えていくような歴史的変革の要因を持ち出すからである。

（2）と（3）に対して

「真正」カリスマに関する発言の（二重の）意義と基礎づけを私は説明しようとした。実際のところ、私たちは「真正ではない」カリスマでもって何が考えられうるかをほかに知らないという意味では、少なくとも真正カリスマの概念を必要としている。真正カリスマがたしかに存在し、社会学的に適切な仕方で理解されうるかどうかは、このことでもって語ることはまだできないし、まさにこれは現在の社会的・文化的現実性、そして経験的研究とその方法の問題を見据えている。ヴェーバーとは異なり、真正カリスマと真正ではないカリスマの概念的区別（そして、その経験的な「処理可能性（Operationalisierung）」）を断念する者は、カリスマ的支配のきわめて異なる諸前提、現象形式、そして作用を認めることを断念する——隠喩的に言えば、その者は「すべての猫が捕えられることのない夜」のなかにいる。さらにまた次のように言うのがここではふさわしい。事柄における明確な概念的区別がないならば、有益な経験的研究は存在しない——そしてまた事柄に即した批判的評価も存在しないのである。

土方透への応答

1

マックス・ヴェーバーが認めたように、ある点において合理的にみなされうるものが、別の点においてきわめて非合理的に見えるに違いない。そのように考える限りにおいて、「合理性」という言葉で考えられているものの差異は展開していく。ヴェーバー自身の論文においても、合理性、合理的、そして合理化という専門用語は異なる意味で用いられる。明確に語られることはないが、その意味は行為の類型論にとってきわめて重要な「目的合理的」と「価値合理的」の違いにおいてさえ一致しない。またヴェーバーは「合理化」について、ほかにもいろいろあるがとくに、主知化や科学化、純化、システム化、客体化、民主化、要するに「社会化」あるいは「普遍化」の事例のなかで語っている。

2

このような「合理性」――また同時にもちろん「非合理性」も――の異なる意味をヴェーバーはその相互の関係のなかでけっして明らかにしなかったし、ある体系的な秩序へともたらすこともなかった（つまり、「合理化」しなかった）。そうではあるが、しかし詳しく言えばヴェーバーは彼の後期の社会学の作品と同じように初期の方法論的著作においても、あるきわめて根本的な意義について次のように語っていた。有意味で、それゆえ「コミュニケーション可能な」（マックス・ヴェーバー）動機に関する人間の態度が決定する程度に応じて、すなわち「行為」のなかで人間の態度は「質的な合理性」によって特徴づけられるだろう。ここでは「コミュニケーション可能性」をともなった有意味性（つまり理解可能性）やきわめて基本的な意味において「合理性」にともなう有意味性が一緒に提示される。このことはハーバーマスが「コミュニケーション合理性」を着想し、ルーマンが社会をコミュニケーションによって、その限界を「コミュニケーション的達成可能性」によって定義するずっと前に起きていたのである。ヴェーバーが「普遍的伝達可能性」と「普遍的同意」の「可能性」の思想に左右されたことで、事実上——ヴェーバーがまったく意識していなかった——、カントと同様に、何よりも美的判断の普遍的可能性を見据えながら、理性的であることとの「弱い」が、しかし経験上役立つ概念を獲得しようとする方法とのつながりが存在する。

3

私にはこのような指摘から出発することで、土方透氏が述べたアクチュアルであると同時に根本的な問いに接近することができるように思える。コミュニケーション可能性の概念と一緒に設定された区別（コミュニケーション可能性 vs. 非コミュニケーション可能性）は、さらなるすべての区別が非コミュニケーション可能性ではなく、コミュニケーション可能性のもとで始まらなければならないという意味においてたしかに不可避であり非対称的である。非コミュニケーション可能なもの（つまり非-意味）について――その語が意味するように（つまり、線引きによって）――コミュニケーションはできないが、しかし進展し増大しながら限定していく区別の流れのなかで、その都度の基準にしたがって「合理的」あるいはまさに「非合理的」とみなされるべきものすべて〔についてはコミュニケーションできる〕。そして、そのつど持ち出される区別の基準は証明されなければならず、正確に言えば「コミュニケーション可能性」の前提条件に基づいて証明されなければならない。こうして普遍的・宗教的経験における生活世界の経験はとくに学問的合理性のパースペクティブから観察するならば、非合理的なものであることが明らかになる――しかし、このことはパースペクティブが転換するとまったく反対に見える。あるいは、私の講演のテーマにおいては次のように例証されている。ヴェーバーによれば、カリスマ的支配が要求する「情念的献身」は、それ自体、目的合理的な性質でも、価値合理的な性質でもなく、きっと学問的合理性の表現でもない――とはいえ情緒性が「コミュニケーション可能」であり、要するに有意味な（「動機づけに関する」）理解に――アクターの側、しかし社会学的観察の側に対しても――開かれているとき、情念的献身は端的に「非合理的なもの」といつまでもみなされる

必要はないのである。(*)

（＊）カリスマの問題に関しても詳細は次の文献を参照されたい。Weiß, Johannes, *Vernunft und Vernichtung. Zur Philosophie und Soziologie der Moderne*, Opladen 1993 (Kap. VIII: Rationaltät als Kommunikabilität).

第Ⅱ部

マックス・ヴェーバーの学問論と知識人の運命

——「ポスト合理性」の時代を見据えて——

姜　尚中

I　合理性と価値の問題圏

カール・アッハム教授とヨハネス・ヴァイス教授の刺激的な発表から触発されたのは、ヴェーバーの社会学あるいは人文・社会科学における価値論の問題である。

通俗的に理解されているように、ヴェーバーは、ただ単に目的に対する手段の適合性のみを合理性の基準に置いたのではない。そうだとするならば、ヴェーバーの学問論は相対主義や決断主義という批判を免れないことになる。つまり、道具的合理性に基づけば、目的のランダム性に対する手段の一義的な適合性のみが学問的な議論の対象になり、目的そのものが果たして合理的であるのかどうか、あるいは理性的であるのかどうか、といった議論は合理的には証明できない、決断といった「非合理性」の領域に委ねられてしまうからである。そうなれば、ガス室でユダヤ人を「処分」するために「効率的な」焼却炉と処理施設を考案したルドルフ・ヘスは「合理的」に行動したことになる。またベトコン（南ベトナム民族解放戦線）兵士を殺戮するために最も「効率的な」ＰＰＢＳ（効用計算予算運用法）の手法を用いたロバート・マクナマラ米国防長官は「合理的」に行動したことになるはずだ。

ヴェーバーの合理性の社会学とその学問が、こうした倒錯的な「非人間性」をも弁証するに違いないと想定することは、それこそ「非合理」的である。なぜなら、ヴェーバーの合理性概念や学問論は、道具的合理性だけに捧げられているわけではないからだ。ヴェーバーは、道具的合理性や目的合理性だけでなく、価値合理性についても語っているからである。いやむしろ、ヴェーバーの合理性の社会学や学問論は、この価値合理性の問題にこそ重きを置いているのである。

それでは、なぜヴェーバーは価値合理性あるいは価値の研究にこだわらざるをえなかったのか。ヴェーバーの生きた時代――われわれの時代の先駆けだった時代は、逆説的にも価値という概念自体が消滅しかけていた時代であるがゆえに、価値がヴェーバーにとって特別な意味をもたざるをえなかったのである。

合理化のプロセスは、表面的に見れば、目的と手段という二元論的なシステムによる社会の全般的な再編を意味している。それは、マルクスの言うような等価的労働力の全般的な普遍化あるいは労働力の商品化のシステムに対応している。『社会学・社会政策論集』に収められている「封鎖的大工業の労働者の淘汰と適応についての社会政策学会の調査のための方法序説」や「工業労働の精神物理学について」などからわかるように、ヴェーバーはマルクスに劣らず、近代的な大工場の合理的な規律編成が労働者の心理や内面にもたらす影響を知悉していた。マルクスならば、「疎外」や「物象化」と呼んだはずの問題を、ヴェーバーは価値の消滅、あるいはそうした価値を創造する人間の「自由の喪失」として捉え返していたのである。

目的と手段という二元論的なシステムは、一見すると価値という項を存続させ、その場を確保しているかに見えて、実際には実質上の価値の廃棄という結果をもたらさざるをえない。目的のランダム性を括弧にくくり、それを手段のシステムのなかに取り込んでいくことによって、目的は特定の合理的な手段のための空疎な概念に形骸化していかざるをえないからだ。そうなれば、もはや「何のために?」というそもそもの動機も目的意識も、さらにそれらを支えるはずの価値も見失われてしまわざるをえなくなり、それはまさしく「意味の喪失」という事態を意味している。

このように見れば、十九世紀末から二十世紀初等にかけて活躍したヴェーバーにとって価値の研究が大きな意味をもたざるをえなかったのは明らかだ。つまり、ヴェーバーの時代は、道具的合理化の全般的なプロセスによって、「あらゆる価値が事実上抹殺されて」しまいかねない時代であったがゆえに、価値の概念が「網膜に残る奇妙な残像」のように重大なトピックにならざるをえなかったのである。この意味で「価値の研究とは、ニヒリズムないし価値の不在の経験とも表裏一体のもの(1)」だった。

フライブルク大学の講演『国民国家と経済政策』(一九八五年)から『世界宗教の経済倫理』の「序論」(Einleitung)(一九二〇年)に至る四半世紀、ドイツをはじめ西ヨーロッパでは、組織資本主義への移行や大量生産方式の勃興、大衆消費文化の出現や新たな中産階級の台頭など、「最高度に人間化された環境」が実現されつつあった。しかし、フレドリック・ジェイムソンが指摘するように、そのような文明の無制限の支配力が実感されつつあったその深部で、逆説的にも「人生が無意味なものにみえはじめるという事態」、「実存主義的な絶望(2)」がはじめて登場するようになったのである。煤煙立ちこめるヴィクトリア時代後期のロンドンで狂気の境を彷徨った夏目漱石は、そのような変則的な事態が強いる病理を、「Self-consciousness の結果は神経衰弱を生ず。神経衰弱は二十世紀の共有病なり(3)」と喝破した。

こうした「意味の喪失」や「実存主義的な絶望」の果てに未曾有の過剰殺戮という第一次世界大戦が勃発することになったのである。このような破局的な事態のなかで、アカデミズムの世界にとどまらず、芸術、宗教、文学などさまざまな文化の領域で価値へのコミットメントや新たな価値創造の実験的な試みが簇生するのであり、「価値自由」を説くヴェーバーの学問論は、かつての社会政策学会を舞台とする「価値判断論争」とは違った時代のコンテクストに向き合わざるをえなくなるのである。

「価値自由」が、同じアカデミズムのなかの「職業人」としての「大学人」に向けられているとするならば、「職業としての学問」のような学問論は、一定の「教養市民層」(Bildungsbürgertum) を背景とする大学の専門職業人ではなく、その外側に拡がりつつある非専門的＝職業人的な、さまざまなタイプの「知識人」とそのシンパを名宛人にしていた。

それでは、価値合理性や価値概念に基づくヴェーバーの学問論は、そのような「知識人」との関係でどんな意味をもっていたのであろうか。

Ⅱ　知識人と文化人

ところで、ヴェーバーは知識人かと問えば、たしかに彼は第一級の知識人である。だが、ヴェーバーは自らを知識人というよりは、学者あるいは「専門職業人」と呼ぶことを好んだに違いない。ヴェーバーの「プロテスタンティズムの倫理と資本主義の精神」は、宗教的な「召命」(Beruf,calling) 思想から近代的な専門的職業 (Beruf) 文化が誕生してくる「意図せざる結果」

を描いている。ヴェーバーにとって専門人としての学者は、この「職業」倫理と結び付けられることで、自律的な意味をもつことができたのである。この意味で、ヴェーバーは大学という「知の王国」の住人だった。にもかかわらず、ヴェーバーは、その言論活動において専門職業人の域を超えた知識人でもあった。

ただしこの場合の知識人とは、K・マンハイムの言う「自由に浮動する知識人[4]」ではない。マンハイムが理想化した「自由に浮動する知識人」が、インテリあるいは知識層としての新中間層の反映だったとすれば、ヴェーバーは、ドレフュス大尉を反逆罪の咎から擁護したフランスの著述家たちに近い知識人だった。ヴェーバーは、象牙の塔の住人にもかかわらず、フランスの最初の知識人たちと同じように、普遍的な抽象概念を擁護したからである。この意味で、知識や思想を消費するインテリや知識層とは違って、ヴェーバーは新たな世界認識の枠組みとなるような普遍的な概念を提供したのである。

このことは、当時のドイツでは稀な現象だった。なぜなら、ドイツでは、フランスと違って「自由な知識人と大学人とのあいだに、地理的ならびに社会的な深い断絶が存在」し、またドイツでは大学人は、権力の介入を通じて「大学人団の同一の再生産のメカニズム[5]」が保障されていたからである。たしかにヴェーバーは明らかにドレフュス大尉を擁護した「自由な知識人」ではなかった。しかし、ヴェーバーは、堅牢な「再生産のメカニズム」に守られながらも、その役割においてフランスの知識人たちと等価の位置を占めていたのである。ここにヴェーバーのユニークさがある。

そのようなユニークさのためか、世紀末から第一次ロシア革命にかけて「ヴェーバー・クライス」には、G・ルカーチやE・ブロッホ、さらにはボヘミアン的な活動家まで、東欧やロシアからの亡命者たちが蝟集していた。これらの知識人たちは、ロシアの「インテリゲンツィア」という言葉があてはまるように、社会のなかにしっかりと座を占めていたというよりむしろ、そこから浮き上がった「ごた混ぜのカテゴリー」[6]だったと言える。にもかかわらず、これら東欧や中欧のユダヤ人コミュニティの出身であった「根無し草の「世紀の航海者たち」」の中から「二〇世紀版「文学共和国」（リパブリック・オヴ・レターズ）」[7]が浮上してくるのである。

ヴェーバーは明らかに、こうした新たなタイプの知識人に重大な関心をはらい、その延長上にロシアの文豪トルストイと出会うことになった。一連のロシア革命の動向を追いながら、ヴェーバーは他方で、この東方の巨人的な知識人を鏡に自らの属する「近代ヨーロッパ文化世界」の合理性の成果であり、その原動力でもある学問と価値について反省的な考察を深めていくのであり、そのエッセンスが「職業としての学問」（以下「学問」と略記）にほかならない。

講演「学問」は、ロシア革命の衝撃が残る一九一七年十一月七日、ミュンヘン郊外シュヴァービング郊外の書店で行われた。そこには、未曾有の大戦がもたらした大破局の予感が漂い、「学問の危機」や文化的基盤そのものの崩壊感覚が横溢し、「人格」や「体験」などが偶像と化しつつあった。認識と価値を切断しているかに見えたヴェーバーの「価値自由」の学問は、総力戦によってその残忍さと道徳的な致命傷を「実証」した実証主義的な科学とその制度を代弁しているとみなされたのである。それは、ドイツだけでなく、敵国フランスにおいても、第三共和政を代表する知識人P・ヴァレリーが、「食料品」のようになってしまった科学を、その応用の残忍さによって名誉を失い、その道徳的致命傷を負ってしまったと痛切に批判していることからも窺い知ることができる。[8]

ヴェーバーはこうした時代の思潮を自覚しつつ、あたかも何のために生きるのかと問い続けるトルストイの『人生論』に答えるかのように、学問の意味、その価値合理性を明らかにしようとしたのである。

もっとも「学問」は、知識人の発言と言うよりも、専門的職業人としてのアカデミックなレクチャーという体裁を崩してはいない。それはあくまでも、大学というアカデミズムのインナーサークルに足を踏み入れようとする青年たちに語りかけるような形式をとっているのである。

ヴェーバーは、学問に身を捧げる者が、どんな制度的な環境のなかに組み込まれているのか、その「外的条件」を社会学的に克明に描いていく。そこに浮かび上がる専門的職業人としての大学人とは、資本主義的な合理的「経営」(Betrieb)に組み込まれたホワイトカラーやプロレタリアートと同じように、一定の官僚制的なヒエラルキーのなかで生きざるをえない「住人」のことを指している。この意味で「大学人団の同一の再生産のメカニズム」とは、別の面から見れば、知の官僚制化を意味していたのである。

この制度化された科学の体制を支配するエートスは、専門性であり、精神の「断片化」である。主知的な合理化の成果であり、またその推進力でもある学問は、近代的な職業文化のエートスによって支えられており、それは人間性の美しい完成を断念したところにはじめて成り立つのだ。しかも、この傾向は、大学の「アメリカナイゼーション」によってますます強まっていくに違いない。ヴェーバーはそのように予感していたように思える。

しかし奇妙なことに、職業としての学問の「内的な条件」を語る段になると、それは専門的なアカデミシャンの領域にはとうてい収まりきれない、むしろヴァレリーの文明批評にも似た、「(西欧的な)近代(性)」(Moderne)そのものの時代診断という趣をもつことになるのである。そこには明らかに専門的な職業人としてのヴェーバーではなく、それを超えた知識人としてのヴェーバーが姿を現している。

学問の合理性は、宗教史的な「脱魔術化」のプロセスの「世俗的な」完成形態なのであり、世界は先験的な意味を失い、唯一の意味付与の主体である人間の側に投げ返されている。大づかみに言えば、これがヴェーバーの下した時代診断である。いまや、宗教的-形而上学的な世界像はばらばらに解体し、統一的な価値の体系は真・善・美の領域に分化し、それぞれの領域が相互に対立し牽引し合うとともに、各々の領域の内部で対立し牽引し合う、そのような価値の相克が前景化するようになったのである。このような価値をめぐる相克を、ヴェーバーは「神々の闘争」と呼んだ。どの「神」に、どの「ダイモン」に、どの理想や原理に身を捧げるのか、そしてそれらから帰結するどのような価値にコミットすべきなのか、各人は自ら決定しなければならない。ヴェーバーが突きつけるのは、このような、「あれもこれも」のヘーゲル的な総合ではなく、「あれかこれか」のキルケゴール的な問いである。

だが、肝心の学問はその決定の切り札にはなりえない。ヴェーバーはそう断言してはばからない。だが、学問はただ非力なのではない。それは、間接的あるいは迂回的にそのような決定が何を意味しているのか、あるいはそのような決定をすべきときに、自らがどんな究極的な理想や価値にコミットしており、したがってそこから首尾一貫するならば、どんな目的とそれに適合する手段を選択すべきか、そのことを明らかにすることはできるのだ。ここに価値合理性が意味をもつことになる。この点でアッハム教授の指摘は、正鵠を得ている。

価値合理性によってヴェーバーは、目的ではなく価値に向けられた行為を示そうとしている。目的合理性において手段が目的に対してある特定の関係に置かれているのに対して、価値合理性においては、（行為によって実現されるところの）目的が、価値に対してある特定の関係に置かれている。すなわち、後者によって前者に（そして行為全体に）意味が与えられるのである。[9]

もちろん、ヴェーバーは、学問によって諸価値の合理的な根拠づけが可能だとは考えなかったし、また諸価値の対立を学問によって認知的に総合しえるなどとも考えていなかった。ヴェーバーは、学問が「効用の知識」（Nutzungswissen）に頽落し、科学の進歩における「陳腐化のプロセス」（Trivialisierungsprozess）[10] に巻き込まれているとしても、それにもかかわらず、個々人の決定（選択）の根源にある価値とその究極の理念（ダイモン）を首尾一貫した形で自覚させることができると考えていたのである。その意味では、ヴェーバーはこの「意味覚醒」こそ、学問の合理性の存在意義であると考えていたことになる。

そしてこの「意味覚醒」が重要なのは、ヴェーバーが世界とその歴史が先験的な意味を失い、「世界内存在」としての「意味覚醒」的な主体に投げ返されていると考えていたからである。

たしかにこうした理解は、きわめて主意主義的あるいは主観主義的な判断であるという批判を免れないかもしれない。またその判断そのものが学問的に反証可能なのかという疑問も提示されるかもしれない。しかし、前提のない学問など存在しないとすれば、ヴェーバーが選んだのは、どんな価値を選択するにしても、自らの行為の意味と選択を行う自由だけは、譲り渡してはならないという不退転の決断だった。ヴェーバーの言う「文化人」(Kulturmensch)とはそのような「意味覚醒」を通じて、世界に見開かれ、己の「ダイモン」の声に従って選び取った価値にコミットし、それを実現するために特定の目的に適合的な手段を選択し、その行為の結果に責任を負う、そのような主体を指しているのである。

こうした意味においてヴェーバーは、職業的な「専門人」(Fachmensch)である前に「文化人」であり、そして「専門人」であることによって「知識人」たりえたともいえる。この複雑なヴェーバーの立ち位置こそ、ごくわずかな時期を除いて、一貫して大学というアカデミズムの世界の住人であり、決してフランスの著述家たちのような「自由な知識人」ではなかったヴェーバーの幾重にも緊張を孕んだ姿だったのではないか。

それでは、ヴェーバーはどこに新たな価値を創造する活動の領域を求めたのだろうか。予言者の再来による宗教的なルネサンスの可能性だろうか。その可能性はほぼ絶望的であった。もはや、世俗化は止みがたく拡大し、真性の宗教的な熱狂は、ごく少数の集団のなかにピアニシモのように生きながらえていくにすぎないと考えていたからである。それでは、カリスマ的な芸術家の使徒によってか。ヴェーバーはそれにも悲観的だった。「芸術的性格のカリスマ的使徒[11]」たちのロマン主義は、社会的・経済的諸関係の厳のような現実の前に粉々に飛び散り、無力な知的ペダントリーに終わってしまわざるをないと思われたからである。残されたのは、政治の世界だった。権力闘争にまみれ、国家の本質をなす暴力という手段を通じてしかその目的が達成されない政治の世界。しかしここがロドスであり、ここで跳ぶしかないとヴェーバーは考えていたはずである。この意味で「学問」は「職業としての政治」(「政治」と略記)と一対をなしているのであり、したがってヴェーバーはアカデミズムの城壁に囲まれた専門的な大学人にとどまらず、知識人として発言せざるをえなかった。

講演「学問」と「政治」の後の歴史を思えば、「文化人」たることによって「専門人」であり、そうであることによって「知識人」であったヴェーバーのレガシーは脈々と受け継がれていったわけではない。むしろ、悲劇的なことだが、史上もっとも民主的な体制のなかに引き継がれていったように見えながら、やがてある意味でヴェーバーが予見したように、凍てついた暗い歴史の闇のなかに消えていかざるをえなかったのである。

もっともナチズム崩壊後、ヴェーバーの学問論と社会学の体系は蘇り、日本においてもマルクスと並び称される学者、思想家、知識人の古典的な代表とみなされる時期があった。しかし、「知識人の終焉」が人口に膾炙し、微分化された、もはや主体とも言えないモナドのような個人が直接世界と繋がる「直接アクセス型社会」が到来し、ロマン主義の大衆化とも言える「表現的な個人主義」(expressive individualism)(12)が消費文化と結び付くにつれて、知識人の終焉は決定的になったようにみえる。

しかし他方では、原子化した不安定な個人と統制なきグローバルな諸力とに分極した世界のなかで、学問の合理性や啓蒙主義への否定的な姿勢が再び表面化しつつある。それは、ヴェーバーの学問が代表していたアカデミズムの外で想像力や自己体験、情念のもつ自然に湧出する力を原始的なものと結びつけ、「力への意志」や「詩的なディオニソス的な力」を新しい価値表として掲げた知識人たちの運動を思い起こさせる。ただし、大文字の知識人が退場して久しく、そのような運動を現代において担うのは、ジャットの言葉を借りれば、「ポスト・ハイデガー主義的な考え」[13]に染まった擬似的な知識人たちである。彼らはヴェーバー以後の「ポスト合理性」の時代のニヒリズムに棹さしているのかもしれない。

だが、歴史は単純に繰り返すわけではないとはいえ、そうした擬似的な知識人たちの空騒ぎの後にはヴェーバーが予見したように、反動の時代がやってくるかもしれないのだ。この意味でも、ヴェーバーの学問論はアクチュアルな意義を失ってはいない。

註

(1) フレドリック・ジェイムソン『政治的無意識』大橋洋一他訳、平凡社、二〇一〇年、四五五頁。

（2）同上書、四五六頁。

（3）「日記」『漱石文明論集』岩波書店、二〇〇六年、三一一頁。

（4）『イデオロギーとユートピア』高橋徹・徳永恂訳、中央公論社、一九七一年、二七〇頁。

（5）クリストフ・シャルル『「知識人」の誕生』白鳥義彦訳、藤原書店、二〇〇六年、二六四頁。

（6）同上書、二六一頁。

（7）トニー・ジャット『失われた二〇世紀』上、河野真太郎他訳、NTT出版、二〇一一年、二二一―二二三頁。

（8）ヴァレリー「精神の危機」『文明批評』桑原武夫訳、筑摩書房、一九六九年、三八頁。

（9）カール・アッハム「行為、歴史、および説明の原則としての合理性」本書、一三頁。

（10）アッハム、本書、三一―三二頁。

（11）マックス・ウェーバー『支配の諸類型』世良晃志郎訳、創文社、一九七〇年、七五頁。

（12）Taylor, Charles, *A Secular Age*, The Belknap Press of Harvard University Press, 2007, p.473.

（13）ジャット、前掲、一二九頁。

宗教と経済の緊張関係

——「中間考察」にみる動的歴史展開のモメント——

荒川敏彦

I　金融商品と修道院

二十一世紀も冒頭の二〇〇一年一月、「修道女財テク 右肩上がり——投資先は「倫理的」企業」と題する記事が新聞に掲載された。[1] フランスのノートルダム修道会が投資信託を作り、近年その実績をあげているという内容である。

それによれば、投信設立のきっかけは修道会の高齢化だった。近年では若い修道女が減り、修道会の維持が難しくなったためだという。聖ベネディクトの戒律に従って「働く」ことが困難になった高齢の修道士・修道女による修道院経営という問題も切実なのである。

そこで「株」というわけだが、投信といえども修道会であるから、無制約な営利に走るわけにはいかない。そこでこの投信では、投資先の基準として以下のような項目を定めた。そこには、雇用を創出しているか、従業員が自由に発言できる企業か、障害者の雇用を進めているか、外国出身者が働きやすい環境か、商品やサービスが（タバコ、兵器などではなく）社会に役立つものか、環境保護に積極的に取り組んでいるか、といった倫理的な二〇項目が並んでいる[2]。

もっとも、そこに修道会なればこそのキリスト教的倫理と呼べるような特色があるようには見えない。この投信は労働問題や環境問題などについての、いわゆる企業の社会的責任（ＣＳＲ）への関心と呼応し、そうした時代潮流において成功しているように思われる[3]。

つまりこの記事は、修道会を前面に出してはいるが、急速に進展する経済の自由化・グローバル化に対して、それを倫理的に規制しようとする動きを例示し、問題を提起する色彩が濃い（掲載は国際面である）。自由化が進む「経済」領域に、「倫理」がいかに関わるかが問題としてクローズアップされているのである。こうした記事からも、経済と倫理そして宗教との間に、ぴんと張り詰めながらつながっている糸を見出せるであろう。

そうした宗教と経済との緊張関係を鋭利に分析した一人が、マックス・ヴェーバーであった。ヴェーバーによる宗教と経済の考察といえば、両者の「親和関係」を論じた『プロテスタンティズムの倫理と資本主義の精神』ばかりが注目されるが、同時にヴェーバーは両者の「緊張関係」

も論じているのである。

本稿では、その議論がもっとも簡潔にまとめられた「世界宗教の経済倫理　中間考察」の議論をたどりながら、宗教と経済、とりわけ救済宗教と資本主義との緊張関係を再考してみたい。それはまた親和関係論である『倫理』論文を、別の角度から位置づけることにもなろう。緊張関係論と親和関係論とはどのような関係にあるのか。さらに、かつてのヴェーバー論に付着していた「単線的な」「近代化論」という理解をあらためて批判し、それに依拠してきたのとは異なる近代理解の可能性に向けた試みでもある。

Ⅱ　諸合理化の「非一体性」と「緊張関係」論——「近代化論」ではなく

宗教についてであれ経済についてであれ、ヴェーバーの論じた合理主義（合理性、合理化）について考えるとき注意すべきことの一つは、その展開が諸領域において一体的に並行して進展するわけではないという、合理化の非一体性の視点であろう。

この点を考慮するだけで、すべてを飲み込み一方向的に進展する「近代化論」というヴェーバー理解には疑問符がつく。ヴェーバーは、形式合理性と実質合理性、目的合理性と価値合理性、脱呪術化と呪術の合理化など、さまざまな価値領域に、概念的に異なる（相反する）合理性ないし多様な合理主義を析出し、それらが互いに逆行し、せめぎ合い、あるいは妥協し、協働する、しかも時に逆説的にひっくり返るといった事態について、膨大な歴史事象を渉猟しながら理念型を構成した。その意味で、ヴェーバーの議論は西洋近代の称揚などでないのはもちろん、単なる西洋近代批判でもなかったといえる。

この網の目のごとき合理主義の布置と諸関係への問題意識は、『倫理』論文にもはっきりと示されている。それによれば「合理主義の歴史は、個々の生活諸領域における並行した（parallel）進展を決して示してはいない」のである（倫理 S.61＝九二―九三頁）。たとえば、（一）私法の合理化について、最高の形式に発展したローマ法の影響を維持する南欧カトリック諸国と、経済的にもっとも合理化されたイギリスとを対比し、あるいは（二）十八世紀の現世的な合理主義哲学が盛んだったのは資本主義の最高度に発達した国々ばかりではなかったことを挙げ、さらには（三）実践的合理主義について、それを意識的に個人的自我の現世的利益から判断する生活態度とするなら、それはベルルーフ思想とは異なる「自由裁量・放縦」の特色であると指摘するのである。

こうして資本主義の精神を何か一つの巨大な合理主義の一部へと還元する見方を棄却したうえで、次のように述べる。

以下の簡単な事実はしばしば忘れられているけれども、「合理化」に関するすべての研究の冒頭におかれるべきことがらだろう――生は、きわめてさまざまな究極的観点のもとに、きわめてさまざまな方向に向かって合理化していくのだ。（倫理 S.62＝九三―九四頁）

この指摘は、「世界宗教の経済倫理 中間考察」の議論、とくに「現世拒否の諸方向。経済的・政治的・審美的・性愛的・知的諸領域」と題された箇所を想起させる。そこでは、救済宗教性と生の諸領域とが、各々の固有法則性の展開にともなって、言い換えれば各領域が自律化し「さまざまな究極的観点のもとに、きわめてさまざまな方向に向かって合理化していく」につれて、緊張が増大していく論理が析出されていた。

この緊張関係論は、諸々の合理化が一体となって進展する段階論的な「近代化」とは異なる歴史像を描くであろう。さらに、グローバル化と称される秩序変動の予感のなかで、自らの生き方（Lebensführung）を規定するデーモンを見据える一助にもなりうるだろう。(4) それは、社会に対する態度決定の重要な反省的認識につながるはずである。

Ⅲ 「中間考察」における宗教と経済

「中間考察」の緊張関係論が、ヴェーバーが示した歴史像のもっとも重要な見取り図の一つであることは間違いない。なかでも救済宗教と経済領域との関係は、考察の冒頭で論じられる、緊張が「もっとも明白に現れている」関係である。記述はわずか二つの段落、原文で二頁弱にすぎず、この上なく圧縮されたものになっている。まず最初の段落で緊張関係の発生する論理が抽出され、次の段落で緊張回避のケースが検討されるというわかりやすい構成である。さらに細かく見れば、前半の段落で（一）緊張の増大と（二）妥協について論じられ、後半の段落で（三）ラディカルな対応例と（四）緊張回避の論理が論じられている。以下、順に検討していこう。

（一） 緊張の増大

まずは緊張関係の発生と妥協を論じた前半の段落だが、そこでの論理の核心は、ザッハリッヒ（物象的・即事的）な原理とペルゼーンリッヒ（人格的）な原理との相剋である。[5]

議論は、緊張関係が生起しない状況から生起する状況への分化から始められる。（1）個別的な利益のための呪術においては、長寿や健康とともに富も自明の目的であったが、昇華した救済宗教と合理化した経済との間では緊張関係が生じる。[6]（2）合理的な経済はザッハリッヒな経営であり、市場での利害闘争から発生する貨幣価格に準拠しているが、そもそも貨幣は「非ペルゼーンリッヒ」なものである。（3）近代の資本主義的な経済秩序が自らの固有法則性に従うほど、宗教の同胞倫理と関係をもたなくなる。主人と奴隷のペルゼーンリッヒな関係はペルゼーンリッヒであるがゆえに倫理的に規制できるが、不動産抵当証券の所有者と、彼らの知らない不動産銀行の債務者との関係は規制できないからだ。（4）それをあえて規制しようとすると、実質的合理性と衝突して形式的合理性の進展を妨げてしまう。（5）だからこそ救済宗教は、非ペルゼーンリッヒで同胞倫理に敵対的な経済的諸力の展開に不信の目を向けるのである。

ここまでが緊張発生に関するヴェーバーの議論であるが、現実には実に多様な仕方での妥協が見られ、一言それへの言及も見られる。すなわち、（6）救済宗教は、教団維持や布教、大衆の文化的要求や日常的利害に適応するため、さまざまに妥協するのであって、利子禁止の歴史はその一つの事例であるにすぎない。（この点については後述）（7）しかし——と再び緊張の議論へ戻って——真性の救済倫理は、この緊張関係そのものを克服することはできない、とヴェーバーはまとめている。

以上が、救済宗教と経済領域との緊張関係の成立と妥協について論じた前半の段落の内容である。[7] とくに（1）から（5）にかけて、救済宗教と経済が各々の固有法則性を展開し自律していく結果、ザッハリッヒな経済の論理とペルゼーンリッヒな宗教的同胞倫理とは最終的に相容れず、両者は緊張関係に陥ると指摘される。

ここで挙げられた緊張の具体例はわずかに一つ。不動産抵当証券の所有者と不動産銀行の債務者との関係が規制不可能であるという例だけである。たしかに両者を倫理的に規制することはできないだろう。これとまったく同じ具体例が、『宗教社会学』や『支配の社会学』でもあげられている（宗教 S.353＝二七〇頁、支配 S.709＝五九六―五九七頁）。どちらのテキストにおいても、他にいくつも例を挙げて経済と宗教の緊張関係が述べられているが、ザッハリッヒとペルゼーンリッヒの相剋という論理は同一である。経済のザッハリッヒな性格については簡明であるとしても、もう一方の宗教的同胞倫理については少し補足しておきたい[8]。

もともと同胞倫理は、対内道徳と対外道徳を区別し、対内的な「同胞」を互恵的に助ける社会倫理的な行動原則である。すなわち「隣人を助けるのは、彼自身も隣人を必要とすることがあるから」であり、「同胞的救難は隣人団体に由来する」のである（宗教 S.350＝二六四頁、中間考察 S.542＝一一〇頁）。同胞のあいだで利子が禁止される一方、対外的な利子は許されるのも[9]、そうした背景からである。

この社会的な救難義務の関係が、「教団的宗教性」が成立すると、宗教領域にも拡張される。氏族や血縁による原生的な同胞関係に加えて、信仰によって結合した教団仲間をも同胞として救難義務の対象とするようになるのである。[10] つまり「教団的宗教性は、さしあたって、このような古い隣人的経済倫理を信仰上の同胞のあいだの関係に転用した」のである（中間考察 S.542＝一一一頁）。

しかし、いわれのない苦難や、現に憎悪などが存在するという現実が、経験的なものすべての堕落という認識を生じさせ、さらに「対象のない無コスモス主義的（akosmismus）な愛」へと展開していく。宗教倫理が心術倫理的に体系化されると、日常における個別的な要求にそのつど対応するのではなく、一貫した宗教的な愛としての慈善（カリタス）をもって対応することとなる。こうして昇華された救済宗教における同胞倫理は、世俗の社会集団がもつ制約のみならず、信仰上の団体の制約をも超えて普遍主義化する傾向を見せる。[11] それゆえ、経済秩序をはじめ固有法則性に従って合理化した現世的秩序や諸価値と、同じく合理化した救済宗教との衝突が激化するわけである。

宗教倫理と対立するザッハリッヒな関係について、「中間考察」では不動産抵当証券の所有者の例しか挙げていないので、別のテキストから事例を補足しておこう。すなわち、「国税支払者に対する国債証券所持者の関係、工業労働者に対する株主の関係、外国の農園労働者に対する煙草輸入業者の関係、鉱山労働者に対する工業原料使用者の関係」（宗教 S.353＝二七〇頁）や、「株式会社の重役の、会社所有の工場の労働者に対する関係」「株式会社に融資してる銀行の重役の、〔融資を受けた会社の〕労働者に対する関係」（支配S.709＝五九六頁）などである。いずれもペルゼーンリッヒな倫理が規制できない、さまざまなザッハリッヒな関係であり、両者の緊張関係が例示されている。[12]「中間考察」では、これらの例がすべて、不動産抵当証券の一例に圧縮されているわけである。

(二) 妥協

しかし現実には、緊張はさまざまな妥協によって和らげられている（前述（6））。妥協は緊張を映し出す鏡でもある。本稿冒頭に引いた、フランス・ノートルダム修道会の投信の例は、救済宗教が「妥協」した例と見ることができるが、妥協とみなせるのはそこに潜在する緊張が感受されるからに他ならない。

振り返ってみよう。修道会は「個別の利益」から離れた「昇華された救済宗教」の、しかも高度に組織化した団体である。他方で投資信託は「市場の利害闘争から発生する貨幣価格に準拠」した金融商品である。ただしこのケースでは、利害闘争に対して社会倫理的な観点から介入することで修道会が「妥協」を図っている。とはいえ投信の論理からすれば、営利のあくなき追求を断念するという意味での「妥協」であると見ることも可能である。もっとも、現状の企業の社会的責任（ＣＳＲ）論が、社会的利益に取り組んだほうが最終的には企業に経済的恩恵がもたらされる、つまり「CSRは儲かる」という純粋な営利の関心によっている一面も指摘されており[13]、修道会が投信に乗り出した戦略の是非は分かれるところだろう。かくして、「真性の救済倫理」に立つ修道会の根本に照らせば、「緊張関係そのものを克服することはできない」ということになる。こうして妥協のなかに、緊張の具体的な姿が浮かび上がってくる。

そこで「中間考察」に目を戻すと、妥協の例もまた一つ、「利子禁止の歴史」が挙げられるのみである。利子禁止そのものは経済と宗教の緊張関係のかたちであるが[14]、「中間考察」ではその「歴史」を妥協の例としてあげている。しかも妥協の「一、つの例にすぎない」と強調までされて、意義が限界づけられているのである。利子禁止の歴史がなぜ妥協の例となるのかは、いささかわかりにくい。

しかし緊張の記述と同様、利子禁止や教会への寄進をはじめとする妥協についても、他のテキストでヴェーバーは具体的に述べている（『宗教社会学』『支配の社会学』『倫理』論文など[15]）。先ほど述べたように、そもそも利子取得の排斥は緊張の例とするほうがわかりやすいのだが、「中間考察」では利子禁止の「歴史」が妥協の「一つの例」とされているので、その点に限って触れておきたい。

『支配の社会学』では利子禁止の「実際上の適用の歴史」について、次のように述べている。この禁止は、当初は聖職者のみ、しかも敵でなく同胞に向けられたもので、自然経済が中心の中世初期には聖職者によっても繰り返し無視されていたということ。しかし、資本主義的な「生産信用」「営利信用」が、最初に海外商業において機能し始めるのと同時期に、この禁止がまじめに受け取られるようになった、という歴史である。ヴェーバーは次のように述べている。

すなわち、それは、経済状況の所産とか反映とかでは決してなく、むしろ教権制の内的強化とその自律性がますます増大していった結果なのであり、教権制は、今や、ますます経済諸制度に対して自己の倫理の基準をあてはめ始め、また、神学的作業の展開に伴って、経済諸制度に対する包括的なカズイスティクを作り出したわけなのである。（支配 S.711＝六〇二頁）

おそらく「中間考察」で利子禁止の歴史と言ったとき、このような事柄が想定されていたであろう。そこでは経済基底論による説明が否定され（宗教 S.352＝二六八頁）、宗教が自律して他の世俗的領域——ここでは経済——にも力を及ぼそうとする動きに注意が向けられている。したがって利子禁止の歴史とは、かつて強かった規制が、徐々に経済が発展するにしたがって妥協していく、というような直線的で一方向的な歴史ではない。むしろ逆である。神学が進展し、包括的なカズイスティクが作られる宗教の展開過程のなかで、利子禁止をはじめとする倫理的規定も作られていくのである。利子の最初の原理的な正当化はカルヴィニストの精神によってもたらされ、それに直面したイエズス会が譲歩して、ついにカトリック教会が利子禁止令を事実上無力化したのは、最終的に十九世紀になってからであった。しかも、それは禁止の無効の宣言ではなく、「今後、告解席では利子禁止令への違反は追及せず、赦免を与えてやるように」といったかたちでなされたのである（宗教 S.340＝二四〇頁、支配 S.711＝六〇三―六〇四頁）。

興味深いことに、若きヴェーバーが博士論文「中世商事会社史」で論じた中世地中海商業におけるコンメンダの契約は、出資者の貨幣資本をもとに事業者が利益を上げ、一定の比率で利益を分配する「投資」賃借である。実はここにも徴利の危険が忍び込んでおり、実際、十三世紀にそれが徴利に当たるかどうかが問題にされていた。(16) ヴェーバーも中世の海外取引の貸付について、「取引のリスクと利益に対して、さまざまな条件と、ときには収益率とを定めたうえで参加する（commenda dare ad proficuum de mari）という場合」が多かったと述べ、固定利子が用いられていたことを指摘している（宗教 S.334＝二七三頁）。

『倫理』論文を見ると、ヴェーバーはフィレンツェの毛織物商ギルドの規約から、利子禁止との妥協策を例示している。それは、ギルドが成員のために職務として請負のかたちで贖宥状を入手するというやり方である。罪深い本人が直接贖宥状を入手するのではなく、組織が職務として贖宥状を購入するというわけだ。他にも、不当に奪取した利子（usura）を生前の債務者に返却する方法、また利子と利潤をすべて「贈与」として記帳することなどが、妥協策として示されている（倫理 S.60＝九一頁）。

このうち、利子の返還という方法は、現代の私たちにも納得しやすい対処法であろう。それに対して、帳簿上で「利子」扱いでなければよいというのは、今では理解しがたい方法かもしれない。そうした当時の心性について、中世史家のル・ゴフは中世の説教集から多数の例をあげ、高利貸しの贖罪する機会がいかに存在したか（しなかったか）を明らかにしている。ゴフもまた、利子の返還を代表的な救済方法として多く取り上げているが、他にも、最後まで変換を拒んで地獄に行った高利貸しの話、また司祭が寛大な措置を講じて高利貸しを救おうとする話などをあげながら、利子に関して当時の人びとが抱いていた地獄への「恐怖」と煉獄の発明による「希望」を、生き生きと描き出している。(17)

(三) ラディカルな対応

ここまで主に「中間考察」における宗教と経済の緊張関係論のなかの、前半の段落で論じられた緊張と妥協について、論理の骨格と具体例を見てきた。次に、後半の段落で述べられている、緊張へのラディカルな対応と、緊張回避の可能性について見ていこう。まずは、段落全体の流れをつかんでおきたい――以下の番号は、混同を避けるため前半の段落をまとめた番号から連続させている。

（8）宗教的達人は経済的財の所有を拒否し、緊張関係に対してもっともラディカルな対応を示してきた。（9）その一つが世俗逃避的な禁欲である。修道士の個人的所有を禁じ、自己の労働による生活を要請するものである。しかし、禁欲が拒否する富を禁欲が作り出すパラドクスが躓きの石となった。（10）もう一つの対応が、世俗逃避的瞑想である。労働もまた救済財への専念から引き離すので、修道士はベリー類や根菜類、自発的な喜捨などの享受のみが許される、というものだ。

しかしこれらも結局、緊張を解消することはできない。最終的に、ヴェーバーは緊張関係を原理的かつ内面的に回避する、首尾一貫した方法を二つ挙げている。（11）一つはピューリタニズムにおける職業倫理のパラドクスである。愛の普遍主義を放棄し、現世における活動をすべて、神の聖意への奉仕、恩恵の身分にあることの検証としてザッハリッヒなものとし、経済的秩序界のザッハリッヒ化も神の聖意にかなうものとして承認する。しかしこの反同胞倫理的な立場は、もはや本来の救済宗教ではない。（12）救済宗教であり続けるには、残るは、同胞倫理を愛の無コスモス主義の純粋な表現としての善意（Güte）に高めるという方法しかない。それは具体的な人間にほとんど関心を寄せない愛であり、人間のためではなく、献身それ自身のために行われる無対象な献身というかたちの世俗逃避である。

以上が、救済宗教と経済との緊張関係を論じた、後半の段落の概要である。本節では（9）世俗逃避的禁欲と（10）世俗逃避的瞑想について触れておこう。

前節で見た妥協の方途は、少なからず宗教倫理の堕落、経済への屈服につながっていた。それをはねつけるだけの力をもつ宗教的達人には、世俗から抜け出てしまう道が残されている。そのように世俗から逃避した暁には、禁欲と瞑想の二通りのあり方が想定されうる。ヴェーバーはまず合理的禁欲のパラドクスを挙げ、禁欲の道が皮肉にも宗教的達人の倫理的要請とは逆の事態を招きかねないという限界を示している。

『倫理』論文で論じられた禁欲的プロテスタンティズムは、同じ合理的禁欲ではあっても、世俗逃避ではなく、むしろ世俗内禁欲である。見方を変えれば、世俗から逃避した場合であっても、合理的禁欲のパラドクスは発生してしまうということである。具体的には、修道院がしばしば経済的な場となってきたことが想定されている（中間考察 S.545＝一二五頁）。

他方、世俗逃避的な瞑想のほうも、托鉢区域を設けることで妥協してきた――まったくの自由意志による喜捨ではなくなるおそれがある――のが現実であり、首尾一貫した達人宗教性たることの困難さが指摘されている。

（四）緊張の回避

残された可能性は、（11）ピューリタニズムの職業倫理と（12）愛の無コスモス主義であるが、前者は再び限界を有する。

たしかにピューリタニズムの職業倫理は、宗教倫理の要請と経済的要請とが一致しており、その意味で緊張関係を解消したといえる。ザッハリッヒな経済的コスモスをも、合理的な現世改造の対象として、宗教倫理の内に組み込んでしまったのである。しかし、現世の活動をすべてザッハリッヒなものにしようとする結果、倫理的宗教性の「第一次的要素」たる喜捨も慈愛も、ザッハリッヒな性格のものへと転化してしまう。ヴェーバーは、カルヴィニズムが「無計画な喜捨」をはじめとして「伝来の慈善（カリタス）の諸形式をまったく全面的に否定」したと指摘する（宗教 S.355＝二七四頁）。

その観点に立てば、人間の経済的不平等も神の見えざる聖意の現れであって、慈善（隣人愛）や喜捨の対象となるというより、当人に労働能力があるなら「自業自得」とみなされる。もちろん労働能力のない者や孤児は慈愛の対象となるのだが、それとても神の栄光のために合理化されねばならない。

たしかに、合理化し組織立てられた慈善活動は、一人ひとりが困窮者を個別に救うよりも「多くの」人を救うだろう。しかし歴史的には、この立場からなされたのは貧民救済を「労働をいやがる者への見せしめ」とする懲罰的救済であって、ペルゼーンリッヒで温かな人間性が根底にあるわけではない。ヴェーバーはその歴史的な典型例として、イギリス・ピューリタンの貧民救済を挙げている（宗教 S.355＝二七五頁）。

これを宗教的な同胞倫理の点から見たらどう映るか。慈善そのものはもはや合理的な「経営」であり、「その宗教的意義は除外されるか、まったく別の方向へ向けられる」（宗教 S.355＝二七五頁。強調は引用者）のであるなら、それは「本来の『救済宗教』ではない」どころか[18]、もはや「宗教」とは呼びがたいものといえる。だとすれば、合理的禁欲による宗教と経済の緊張回避の道は、緊張の回避というより、宗教の消滅なのかもしれない。そこまで言わないとしても、カルヴィニズムは経済との緊張を回避したが、またもや意図せず、自らの内部に新たな緊張――「本来の救済宗教性」と「（資本主義としての？）宗教性」との緊張――を生じさせてしまったといえるだろう。「まったく別の方向」とはどこなのか、その行き先が問題になってくる。

ここまでくると、ヴァルター・ベンヤミンが書き残した断片である「宗教としての資本主義」は、ヴェーバーの議論にきわめて近いところにあると見ることもできる。

> 資本主義の中に宗教を見ることができる。すなわち、かつてのいわゆる宗教は、さまざまな憂慮や苦痛や不安に答えを提示してくれたが、資本主義も基本的には、それとまったく同

じ憂慮や苦痛や不安に充足感を与えることを務めとしているのである。[19]

ベンヤミンは、ヴェーバーが資本主義を「宗教の影響の所産」とするのに対して、資本主義が「本質的に宗教的な現象という意味で宗教的構造を持っている」というのである。この指摘はベンヤミンらしく「儀礼」の視点からなされたものではあるが、ヴェーバーも「中間考察」や『宗教社会学』の緊張関係論において、カルヴィニズムの宗教性の変質を示唆していることは確かであろう。少なくとも、『倫理』論文の内容が緊張関係論のなかで「緊張回避」の事例になるという点は、『倫理』論文のみからはなかなか見えてこないのではなかろうか。

さて、そのヴェーバーの緊張関係論は、宗教と経済の関係を検討した末尾に、「魂の聖なる売春」(ボードレール)の問題を置いている。すなわち、相手が誰であろうと問うことなく、「マントを乞われればシャツをも与える」善意の徹底である。経済的世界の前に挫折した同胞愛が、しかし挫折をくぐり抜けて高められた最高度の善意の境地である。だがそこでは、同胞ということの元来の意味が無限に拡張し、そのつど出会った相手が「隣人」になる。その結果、「善意を受けるひとりひとりの人間までもがいわば代替可能なものとなり、その価値において平均化されたものとなる」(宗教 S.355＝二七六頁)。平均化された相手は、もはやペルゼーンリッヒな関係にあるのではなく、非ペルゼーンリッヒな関係にある。それは、誰かのための献身なのではなく、献身のための献身という自己目的化した一種の倒錯態である。

きわめて崇高なこの態度は、しかし、そのつど自己のすべてを与えてしまうのであれば、カルヴィニズムの組織化・合理化した隣人愛とは逆に持続性に乏しく、強い心理的感化力をもちうるとしても、社会への広汎な影響力をもちえないだろう（あるいは、社会への広汎な影響力をもたないにしても、一人ひとりの個人に強い感化力をもちうるだろう）。

Ⅳ　亀裂のなかに垣間見えるもの

ここまで、救済宗教と経済との緊張関係論について、緊張、妥協、ラディカルな対応、緊張回避という四つの面から検討してきた。緊張の場合はもちろん、妥協した場合も、達人的に対応した場合でも、さらには緊張を回避した場合ですらも、同胞愛を根底に置いた宗教倫理に亀裂が入ってしまう。[20] しかしヴェーバーによれば、妥協の歴史も含め、宗教倫理が現世の諸関係に持ち込む緊張関係こそが、歴史を動的に展開するモメントである（宗教 S.350＝二六二頁）。最後に、この動的展開のモメントという点について検討しておきたい。

緊張関係の発生する前提は、生の諸領域の分化と自律化である。[21] それがいつ、何を契機に展開するのかは必ずしも明確にされていないが、[22] 分化と自律化は、ヴェーバーにおいては「発展の理念型」であり、そこで述べられた分化の道筋だけが唯一の可能性ではない。課題が異なれば、「新領域」も含めて別様の分化の様態や道筋を描くことができるのである。

したがって、分化と自律化を契機とした緊張関係論もまた、異なる関係に視点をすえて考察することができる。「中間考察」では救済宗教と生の諸領域との緊張関係が論じられ、そしてそれはきわめて深刻な緊張であるのだが、たとえば経済と政治、または政治と美といった生の諸領域同士の緊張関係にも目を向けてみる必要があるだろう[23]。

ただし、とくに救済宗教の宗教倫理が、世界に意味を与えて統一した世界像を構成しようとする指向性を強くもっている点は、緊張関係の発生に深く関わっており重要である。この点は、意味を付与することのない経済の領域と好対照である。なお、本稿では扱えなかったが、知・科学の領域もまた「世界像」を形成しうる領域であるがゆえに、宗教との緊張は原理的なものとなり、いっそう深刻さを増すであろう。現に、両者の緊張から生じる帰結が社会を大きく揺るがすこともある。近年は「世俗化」の問題があらためて注目を集めているが[24]、宗教性の地域的またグローバルな変容も注目される。

本稿でも見てきたように、緊張関係それ自体は、相当以前から見られる。そう考えると、緊張関係論の意義は、現代社会における緊張を単に指摘することにあるのではない。むしろ深刻な緊張を軸として、そこからの妥協や、緊張回避といった多様な対応のあり方とその帰結を、歴史的事例を参照しながら考察する方法的視点こそ重要なのではないか。

張り詰めた緊張関係のなかに、また緊張が一瞬ゆるんだ状況のなかに、新たな秩序形成の萌芽がわずかに垣間見えることもあるだろう。あるいは、より強い勢力によって埋没させられたままの歴史の断片を、緊張関係論の網で取り出すことも可能かもしれない。本稿を振り返れば、緊張の妥協の例として、利子禁止の歴史がほんの一言触れられていたが、妥協の例はいくらでもあるのに、あえて利子禁止に言及したその一言はやはり重視されるべきだろう。不当利得や高利に苦しみ、あるいは地獄の説教におびえつつも徴利に命をかけ――西欧におけるキリスト教徒高利貸しは同胞から利子を取っていたことになるのだ――、また祭司や神学者も高利貸しを改心させるべく努める一方で、徴利を正当化するために知恵を絞っていた。十九世紀まで続いたという利子禁止の例は、緊張にせよ妥協にせよ、不安と希望に生きる人々の生き方に目を向けるための導きの糸となりうる一言である。

このような展開を潜在させた緊張関係論は、往々にして西洋中心主義でかつ段階論的な近代化論の描く歴史像とは根本的に異なっている。ノートルダム修道会の投資信託を、（近代化に伴い宗教が衰退するといったタイプの）世俗化論で捉えてしまってはならないだろうし、段階論的な近代化論で捉えることも適切ではない。金融の面からもグローバル化が進展する時代に、投信を設立した修道会が、多方面との緊張関係にいかに対応しているのか。修道会が投信に踏み切るに当たってどのような内的葛藤を抱いているかに目が向けられる必要があるだろう。その緊張関係は、修道会のみならず、現代の資本主義社会が形成する殻（Gehäuse）の中で生きる者すべてにとっての問題であるに違いない。

本稿でも見てきたように、ヴェーバーの緊張関係論では、利子禁止をめぐる教会の対応や中世地中海のコンメンダ契約など、十三世紀ごろの事例も拾われている。分化と緊張関係に関する分析の時間軸を数百年のスパンでとることが可能だということの意義は、既存の秩序が変容しつつある現代、予想以上に大きいように思われる。

【凡例】

マックス・ヴェーバーの著作については、以下の略号を用い、本文中に（略号　原書頁＝翻訳書頁）の形式で示した。

客観性＝［1904］1922, „Die >>Objektivität<< sozialwissenschaftlicher und sozialpolitischer Erkenntnis“, in: *Gesammelte Aufsätze zur Wissenschaftslehle*, 7. Auflage, Tübingen: J.C.B.Mohr.（＝富永祐治・立野保男訳、折原浩補訳『社会科学と社会政策にかかわる認識の「客観性」』岩波書店）

倫理＝［1904/05］1920, „Die Protestantische Ethik und der Geist des Kapitalismus“, in: *Gesammelte Auf-*

sätze zur Religionssoziologie I, Tübingen: J.C.B.Mohr.（＝一九八九、大塚久雄訳『プロテスタンティズムの倫理と資本主義の精神』岩波書店）

中間考察＝[1915] 1920, „Zwischenbetrachtung: Theorie der Stufen und Richtungen religiöser Weltablehnung", in: *Gesammelte Aufsätze zur Religionssoziologie I*, Tübingen: J.C.B.Mohr.（＝一九七二、大塚久雄・生松敬三訳「世界宗教の経済倫理　中間考察—宗教的現世拒否の段階と方向に関する理論」『宗教社会学論選』みすず書房）

宗教＝1972, „Religionssoziologie(Typen religiöser Vergemeinschaftung)", *Wirtschaft und Gesellschaft: Grundriss der Verstehenden Soziologie*, 5. revidierte Auflage, Tübingen: J.C.B.Mohr.（＝一九七六、武藤一雄・薗田宗人・薗田坦訳『宗教社会学』創文社）

支配＝1972, „Soziologie der Herrschaft", *Wirtschaft und Gesellschaft: Grundriss der Verstehenden Soziologie*, 5. revidierte Auflage, Tübingen: J.C.B.Mohr.（＝一九六二、世良晃志郎訳『宗教社会学Ⅱ』創文社）

註

（1）大野博人「修道女財テク　右肩上がり——投資先は「倫理的」企業」『朝日新聞』二〇〇一年一月二七日付朝刊、第九面（国際面）。

（2）また、途上国に進出している企業については「現地の人の管理職を養成しているか」「現地への技術移転をしているか」「進出先の職業教育に協力しているか」「進出先の経済的なニーズにこたえているか」などの項目が投資先の基準として設定されている。このような「倫理志向型投資」は、すでに十九世紀にクエイカーにも見られるといわれる。

（3）企業の社会的責任（ＣＳＲ）については、さしあたり谷本寛治の明快な整理を参照。谷本寛治『ＣＳＲ――企業と社会を考える』ＮＴＴ出版、二〇〇六年。他方で奥村宏は、「企業の社会的責任」論が流行するなかで、結局は利益のためのＣＳＲと化している状況を批判する。たとえば経済同友会が『「市場の進化」と社会的責任』で挙げたＣＳＲの内容の、第一位「より良い商品・サービスを提供すること」、第二位「法令を遵守し、倫理的行動をとること」、第三位「収益をあげ、税金を納めること」などを取り上げ、それらがあまりに当然のことであり、その当然のことをあえて「企業の社会的責任」だと言わねばならないことを問題にしている。奥村宏『株式会社に社会的責任はあるか』岩波書店、二〇〇六、三―四頁。あるいは「女性差別の是正に関してＣＳＲが問われている状況」にある証券会社（野村証券）が自らＳＲＩ（社会的責任投資）信託の運用に乗り出すという例を引きながら、「社会的責任も要は儲けるためであるということで、それは倫理や道徳を売り物にするのと同じではないか」と批判している。奥村、同書、一六四頁。

（4）緊張関係論がもつこのような実践的意義については、以下を参照。Schluchter, Wolfgang, 1988, *Religion und Lebensführung: Band 2, Studien zu Max Webers Religions- und Herrschaftssoziologie,* Frankfurt am Main: Suhrkamp.（ヴォルフガング・シュルフター「V 合理主義の社会学と宗教的現世拒否の類型論」嘉目克彦訳、河上倫逸編『ヴェーバーの再検討』風行社、一九九〇年）

（5）両者の相剋については、中野敏男『マックス・ウェーバーと現代――〈比較文化史的視座〉と〈物象化としての合理化〉』（三一書房、一九八三年）および鈴木宗徳「ウェーバー社会理論における物象化概念の位置――ウェーバー行為論の再検討へ向けて」（『一橋論叢』一一三巻二号、一九九六年）の議論を参照。

（6）個別の利害欲求を満たす呪術から救済宗教への昇華という「プロセス」が示されるが、これはあくまで分化の一つの経路であることは、たとえば呪術の合理化という経路をヴェーバーが構成していることを考えれば了解されるだろう。ヴェーバーの描く理念型があくまで構成された理念型であることを思えば、それが可能性の一つであるとわかる。理念型には、その構成に際して捨象された膨大な要素や可能性があることを忘れてはならないだろう。段階的発展の視点に立つと、理念型の捨象部分は実際にも可能性として存在しないものとして順位づけがなされてしまうであろう。また「発展の理念型」について、後註（11）を参照。

（7）このなかで、（2）と（4）は後年の（第一次世界大戦後の）加筆箇所である。つまり、はじめ大戦中に雑誌に発表された「中間考察」は、現行版よりもいっそう簡潔な記述であった。大戦後に加筆された主な論点として、経営のザッハリヒな性格、市場での利害闘争の意義、貨幣の非ペルゼーンリッヒな性格、形式合理性の進展を妨げる実質合理性など、重要な指摘が見られる。これらを加筆するに至った認識上の発展などは興味深い問題であるが、ここでは触れることはできない。

（8）意外にも、ヴェーバーにおける同胞倫理・同胞愛について主題的に議論した例はきわめて少ない。わずかに横田理博が本格的な検討を行っている。横田理博『ウェーバーの倫理思想——比較宗教社会学に込められた倫理観』未來社、二〇一一年。

（9）『中命記』第二三章、第二〇—二一節。

（10）「初期キリスト教においても、……同胞愛がその全幅において求められるのは、もっぱら信者仲間の内部においてであって、決して外部に対してではなかった」（宗教 S.350＝二六四頁）。

（11）ただし、同胞倫理の展開や救済宗教の成立を、あらゆる倫理や宗教がその経路をたどる普遍的過程などと主張・誤解してしまうと、再び近代化論に逆戻りしてしまうので、ここは「発展の理念型」であることを踏まえておかねばならない。「発展もまた理念型として構成され、この構成は索出手段としてきわめて高い価値をもつばあいがある。しかしそのさい、理念型と現実とが互いに混同されるという危険が、とくに頻繁に生ずる。」「発展にかんする理念型構成と歴史とが、峻別されるべきふたつのものであって、発展にかんする理念型構成は、このばあい、たんに、ある歴史的事象を、われわれの認識の現状に照らして可能なものの範囲から取り出された、その真の原因に、計画的かつ妥当な仕方で帰属させるための手段にすぎなかった、ということが、つねに念頭におかれている」ことが、重要なのである（客観性 S.203＝一三七―一三九頁）。

(12)『宗教社会学』の該当箇所（宗教 S.348-367＝二五九―三〇三頁）は、「中間考察」の異稿と見られるものである。Schluchter, op. cit., S.62.（シュルフター、前掲書、一七四頁）。『支配の社会学』では、教権制が経済の領域にいかなる影響を与えたかという点から、『宗教社会学』と同等以上に経済と宗教の関係が議論されている（支配 S.705-713＝五八八―六〇八頁）。
　しかし、いわゆる『経済と社会』の新稿である『支配の諸類型』においては、教権制の問題はまとまって展開されておらず、教権制が経済とくに資本主義に与えた影響の議論は、その後いかなる位置づけがなされていったかは、一つの問題として残っている。

(13) 奥村、前掲書。

(14) ヴェーバーは利子禁止がもともと強く意識されていたという想定を否定して、資本主義的な取引形態の発展に並行して利子に対する教会の追及が厳しくなっていったと述べる。「ここに見られる問題は、経済における倫理的合理化と経済的合理化とのあいだの原理的な闘争という点である」（宗教 S.352＝二六九頁）。

（15）なぜ「中間考察」では、利子禁止に関する記述がたった一行の指摘へと圧縮されてしまったのであろうか。内容の上で最大の理由は、おそらく、利子禁止論の歴史が「中間考察」が入っている「世界宗教の経済倫理」の課題ではなかったことであろう。しかしもう一つ、「中間考察」と同じ『宗教社会学論集』第一巻に収録された『倫理』論文において、利子禁止の問題がヴェルナー・ゾンバルトらによるヴェーバー批判への反論として「加筆」されたという事情が背景にあると思われる（倫理 S.56-59＝八五―九〇頁）。

ゾンバルトは『ブルジョワ』（一九一三年）において、自らの課題には「大衆相手の実践的な宗教の訓練である日常の教えのみが意味がある」として、それと対比するかたちで、ヴェーバーの『倫理』論文を取り上げる――しかしヴェーバーこそ教理ではなく平信徒の実践倫理を問題にしたのではなかったか？――。そしてヴェーバーの議論が「異常なほど深遠で、主として哲学者や神学者の関心をよぶようなエッセー」であり、「実際の因果関係を誤認する危険がある」もので、「課題をあまりにも適切に仕立て上げたという非難（神学的意味において）」が当てはまると述べ、「合理的な土壌の取り扱いが求めているのは、常に深耕することとTiefpflügenではない！」と強調している。Sombart, Werner, 1913, *Der Bourgeois: Zur Geistesgeschichte des modernen Wirtschaftsmenschen*, München und Leipzig: Dunker & Humblot, S.305-6.（ヴェルナー・

ゾンバルト『ブルジョワ――近代経済人の精神史』金森誠也訳、中央公論社、一九九〇年、三一五―三一六頁）

ヴェーバーの「パラドクス」を理解していない批判といえるが、こうした批判にヴェーバーが反論したのが、『倫理』論文に加筆された件の注である。ゾンバルトは「敬虔な人々がありとあらゆる方式で企業欲 Unternehmungsluft をたきつけたがっているありさまをよく注目するがよい」と述べているが、ヴェーバーの見るところ「敬虔な人々」はまさに敬虔な態度で営利を拒否し、来世における永遠の命を求めて現世内禁欲に励んだのである。*ibid.*, S.321（同書、三三〇頁）

ヴェーバーの見解では、教会法学者を含め敬虔な人々が企業欲をたきつけたがったのではなく、「結局、資本主義そのものに対して態度を決定するかぎりでは、彼らは、一方では、資本のもつ力がいよいよ非ペルゼーンリヒとなって、倫理的立場に結びつき難くなったことに漠然たる伝統主義的な嫌悪を抱きながらも（フッガー家や金融業に対するルッターの発言は、なおそれを反映している）、他方では、適応の必要に迫られていたのだ」ということになる（倫理 S.58＝八八頁）。本稿の関心からは、ここにも資本主義に対する伝統主義的な嫌悪と、それに対する適応の必要との「緊張関係」論を見ることができるだろう。

『倫理』論文と「世界宗教の経済倫理　中間考察」は、ともに加筆されたうえで『宗教社会学論集』第一巻に収録されている。したがって、利子禁止論がヴェーバーの課題ではないうえに、ゾンバルトのような誤解が生じうることを懸念して、「中間考察」では利子禁止についての指摘を最小限にとどめたのかもしれない。

(16) 大黒俊二『嘘と貪欲——西欧中世の商業・商人観』名古屋大学出版会、二〇〇六年、五四—五八頁。ヴェーバーは、「あらゆる組織、とくにアンシュタルト的宗教性は、伝統的な権力手段をも必要とする」と述べ、聖書的な無所有の要請を徹底して実践したフランシスコ会の厳格派に対して、十四世紀の教皇ヨハネス二十二世の呪いが激しく浴びせられた例を挙げている(宗教 S.354＝二七二頁)。これは一面で緊張(フランシスコ会の清貧と経済の衝突)の例であるが、同時に経済に対する教皇の妥協を示してもいる。

また大黒俊二は、フランシスコ会の厳格な主張をする人々のなかに、清貧の実践と同時に商業的営利を承認する「清貧のパラドクス」があったことを指摘する。その論理を探求していくと、「『いと高き清貧』を求める強い意志は、逆に弱き人間への理解を深めさせた」ことで、両者を並立させることが可能になったという。つまり、自らは高潔な清貧に生き、弱き大衆にはそこまで求めず原罪後の人間の弱さとそれに寛大な神を見出すというわけである。大黒、前掲書、七九—九六頁。ヴェーバーもまた、教会が「営利経営」を罪として排斥しているのではなく、福音的勧告を遵守する能力をもたない者のために「放任している」のだと述べている(支配 S.712＝六〇五頁）。

（17）Goff, Jacques Le, 1986, *La bourse et la vie: Économie et religion au Moyen Age*, Hachette.（ジャック・ル・ゴッフ『中世の高利貸――金も命も』渡辺香根夫訳、法政大学出版局、一九八九年）

（18）『倫理』論文ではカルヴィニズムについて次のように指摘されている。「カルヴァン派の信徒は自分で自分の至福を――正確には至福の確信を、と言わねばなるまい――『造り出す（schaffen）』」のである（倫理 S.112＝一八五頁）。自分の救済を、自分で造り出せるのであれば、たしかにそれは「救済宗教」とは呼びがたいものとなろう。

（19）Benjamin, Walter, [1921], „Kapitalismus als Religion", in: Dirk Baecker Hrsg., *Kapitalismus als Religion*, Kadmos 2003, S.17.（ヴァルター・ベンヤミン「宗教としての資本主義」三島憲一訳、『現代思想総特集　マルクス』三二巻五号、青土社、二〇〇四年、一七〇頁）

（20）横田理博は、同胞愛倫理についての考察のなかで、それを模範的なかたちと歪んだかたちの二分法で捉えることを批判し、同胞愛がすでにその成立の当初から内部に矛盾を抱えていたことを指摘している。横田、前掲書、一五六頁。

（21）諸領域の固有法則性の進展ということが、真っ先に指摘されるべきだろう。他にも、「隣人同士の頼み事や救難の習慣は、経済的分化が行われるにつれて、さまざまな社会階層間の諸関係にも置き移される」という指摘も重要である（宗教 S.351＝二六五頁）。

（22）テンブルックは、合理化の複数性を正しく指摘しながら、「脱呪術化」がなされてはじめて「近代化」が進展するというヴェーバー解釈を示した。Tenbruck, F., „Das Werk Max Webers", *Kölner Zeitschrift für Soziologie und Sozialpsychologie*, 27 (1975): 663-702.（フリードリヒ・テンブルック「マックス・ヴェーバーの業績Ⅰ」住谷一彦・小林純・山田正範訳『マックス・ヴェーバーの業績』未來社、一九九七年）。この「脱呪術化・近代化テーゼ」については、検討の余地があるだろう。本稿で引いた合理化の非一体性を考慮すれば――たとえばイギリスにおける私法の合理化と資本主義化――、テンブルックの言うほど直線的な発展過程をヴェーバーが考えていたようには思われない。

（23）ブルクハルトの『世界史的考察』では、国家、宗教、文化の三つの「潜在力（Potenz）」の相互制約関係が展開されている。本稿の課題ではなかったが、たとえば国家と宗教の関係について、「国家が直接倫理的なものを実現しようとするなら、それはひとつの退化であり、哲学的・官僚主義的な思い上がりである」と述べられている点など、ヴェーバーの議論と関連する指摘も多い。Burckhardt, Jacob, *Weltgeschichtliche Betrachtungen*, *Gesammelte Werke*, Basel/Stuttgart: Schwabe 1978.（ヤーコプ・ブルクハルト『世界史的考察』新井靖一訳、筑摩書房、二〇〇九年、七〇頁）

（24）世俗化の文献は数多いが、世俗化を宗教の「衰退」ではなく「分化」として捉えているのは、ホセ・カサノヴァである。世界各地の「公共宗教」について論じるカサノヴァの議論を、宗教と政治の緊張関係（妥協や協働も含む）として読むことも可能であろう。Casanova, José, *Public Religions in the Modern World*, The University of Chicago Press 1994.（ホセ・カサノヴァ『近代世界の公共宗教』津城寛文訳、玉川大学出版部、一九九七年）

ポスト合理性の陥穽

——合理性をめぐるせめぎ合いと近代——

土方　透

アッハムおよびヴァイス両教授の講演で示唆され、さらにコメンテータとの応答のなかで先鋭化されたものは、とりもなおさず合理性のもとに語ることのできない「なにものか」の存在とその潜勢力《ポテンシャル》であった。おそらく、それらには両教授の示唆を超えたいくつものヴァリエーションが存在するであろうし、したがって単一のカテゴリーに集約されるものではないであろう。またそれらが、ヴェーバーがかつて用意したカテゴリーに収まり切るものであるかどうかは定かではない。

本稿は、こうした「合理性をはみだしたもの（はみださんとするもの）＝「ポスト合理性」」を問題にする。それは、ヨーロッパにおける近代化が合理性をめぐるせめぎ合い（「宗教的なるもの」と「科学的なるもの」の相克）のなかで進展したというとりあえずの理解をもとに、その進展のなかで「はみだしたもの」に、なんらかの明細化・定式化をもたらすことを試みるものである。

近代の評価、そしてその行く末の診断にいくつものヴァリエーションがあるにせよ、「合理性」の表象のもとに提示されうる諸形式の多くが、もっぱら近代、それもヨーロッパにおいて成立したことに異論はないであろう。ヴェーバーを引こう。

わたしたちの時代の宿命、現代の合理化と主知主義化の宿命とはまず何よりも、世界が脱呪術化されたことにあります。(『職業としての学問』[1])

いったい、どのような諸事情の連鎖が存在したために、他ならぬ西洋という地盤において、またそこにおいてのみ、普遍的な意義と妥当性をもつような発展傾向をとる文化的諸現象——少なくともわれわれはそう考えたがるのだが——が、姿を現すことになったのか……今日、われわれが「普遍妥当的」だと認めるような発展段階にまで到達している「科学」なるものは、西洋だけにしか存在しない。(『宗教社会学論選』「序論」[2])

以下では——別の記述可能性を認めたうえで——「合理性」という表象が、神が創りたもうた世界《コスモス》を、理性を備えた（動物と区別されたところの）人間が規範的に理解することのなかで生じたものであること、さらにデカルトを契機に、「自律的な主体」において、近代を切り拓く主導的なメルクマールとして用いられていることを前提とする。その限りで、近代は合理性を具体化したものである。あるいは、合理性は近代化を推し進める精神であり、近代は合理化を体現する身体である。

こうした合理性の展開は、世界に満ちている神の秩序を一つずつ「（自然）法則」として解明し、時として実証した。神の理（ratio）を合理的に説明し――象徴的には「自然という書物」を「数学という言葉」で記述し（ガリレオ）――、その解明を「科学」と呼んだ。「解明」を経たものは科学的であり、そうでないものは、そうでない。つまり合理的に解明されていないものは、非-科学的である。このようにして科学の進展は、ますます合理性を備えて記述された領域を広げ、知られざる神の業は、さらに人の知りうるところとなり、「饒舌な神」は「隠れたる神」、「寡黙なる神」へと、その形容を変化させていった。神の理（ratio）は、すでに科学的に解明されたものと、いまだ解明されないものとに二分されていく。前者の拡大と後者のそれに伴う限りでの収縮、つまり「解明」の方向に進むベクトルが近代である。このベクトルが確かなものとして保持され続けてきたのは、近代科学の進展とその成果の蓄積が、直線的《リニア》になされてきたことに負っている。コペルニクス的転回以降の世界は、まさにその歩みを確実に「積み上げて」きたといえよう。逆に、ここで「ポスト合理性」を問題にするのは、この「積み上げ」に収まっていないものの存在に、現代の社会が強く刺激を受け、ある種翻弄ないし攪乱されているからである。それは、合理性に対する非合理性なのか、あるいはそれ以外なのか。それ以外であるとしたら、なにものか。そしてなにゆえにそれほどの「強い刺激」をもちうるのか。

したがって以下、議論に用いるコンポーネントを再定式化していく。まずは、近代を切り拓き、推し進めてきたメルクマールと考えられる「法則による説明」および「先入見の排除」を、それぞれ（科学的説明における）「真理（の獲得）」の問題および（科学的認識の条件とされる）「客観性（の確保）」の問題とし、学問の展開のなかで確認する。さらにそれを受けて、「合理性」、「非合理性」、そして「ポスト合理性」へと説き及んでいく。

I　隘路《アポリア》――「真理」

古来、魂の無限性と身体の有限性という対置的理解のもと、永遠の真理の探求は魂の身体からの「浄化《カタルシス》」であり、身体的拘束から一切無縁の数学的真理の探究は、その意味で永遠の真理であった。そこから積み上げられ、微動だにせず近代まで連綿として「唯一の幾何学」として君臨し続けてきたのは、ユークリッド幾何学である。また物理学に目を向ければ、いわゆるコペルニクス的転回以来、その象徴たるニュートン力学は、まさに「普遍的原理《プリンキピア》」であった。世界を説明するいかなる科学も、これらを前提としていた。

二十世紀の幕開けとともに、そのどちらにも大きな転換が訪れる。いわゆる「科学の危機」と呼ばれたこの事態は、それまで直証的な真理として捉えられてきた諸前提・諸成果の転覆を余儀なくした。ユークリッド幾何学に対して非ユークリッド幾何学が提唱され、その有効性が次々と示された。もはやユークリッド幾何学は、「唯一」ではなく、ある限定のもとで（＝歪みのない図形・空間の記述において）可能な幾何学となった。また、まさに世紀の節目であった一九〇〇年には、量子力学（マックス・プランク）が提唱され、のちの相対性理論（アインシュタイン）と併せて、それまでのニュートン力学を「古典力学」と呼ばせる事態を切り拓いた。もはやニュートン力学は、現代の物理学でない。かの普遍的原理は、「限定的な（＝日常的なスケールでの）原理」と化したのである。

「数学という言葉」により自然が記述されるとするならば、それまでの唯一と考えられていた言語体系はここに相対化され、より説明能力を有した、より有効な言語の体系が登場したことになる。ひるがえって考えるならば、そもそもコペルニクス的転回は、天動説から地動説、すなわち「天上 vs. 地上」という（第三のものを排除する）二元的構造から、宇宙における地球という、いわば「われわれの世界」を相対化する見地を拓いたものであった。「科学の危機」において示されたパラダイムは、ユークリッド幾何学およびニュートン力学が射程とする地球上の空間・時間の記述能力を超え、宇宙の記述という視野の拡がりとともに登場した。科学は、それまで真理とされてきたものの相対化を通じて、さらに宇宙を記述可能なものとし、その真理を獲得していこうとする。すなわち、真理獲得の過程で、真理の体系とされてきたものが相対化されていく。真理という表象が、相対化のなかで維持されているのである。(3) さて、そのように相対化のなかで可能となる真理は、果たして「真理」といえようか。第一の隘路《アポリア》である。

Ⅱ　隘路《アポリア》——「客観性」

近代において、自然科学が他の諸科学に比して、より「科学的」だとされる理由の一つは、それがわれわれ人間の営為とは独立して成立する客観的世界を対象とするからだとされる。すなわち、(観察) 主体と、(認識の対象となる) 客体は、明確に分離されている。自然科学は、(他の諸科学とは異なって) 事実にのみ基づいており、その事実は人間の側のいっさいの営為とは無関係に、切り離された「客観性」をもつ、というのである。

一方社会科学は、社会における法則の発見とそこから導出される一定の価値基準およびテロスを、また社会を説明する諸カテゴリーの創出とそれによる社会に対するある種の記述ないしは診断を議論してきた。そして、その価値基準・テロスとの距離の取り方において、さまざまなコントラストを作り出し続けてきた。マルクスが歴史の発展法則から共産主義に至る必然性を説き、ヴェーバーが「存在と当為の峻別」という（社会科学における）「客観性」の議論を展開したことは、まさに社会科学のモニュメンタルなコントラストといってよい。どちらに属すかという二分法で、研究（者）のあり方をラベリングされた時代も、遠い昔のことではない。

「客観性」に定位するならば、社会科学において、かかる問題はヴェーバーの「客観性論文」にその頂点を見る。ヴェーバーは「経験科学が客観性をもつためには、価値判断から分離されなければならない」とし、理論の実践的意図および評価の混入を厳しく拒否した。彼はいわゆる「価値判断論争」のなかで、ドイツ歴史学派に対し異議を申し立てる。すなわち、ドイツ歴史学派は、経済生活の歴史的発展過程の研究において、歴史的に生成する倫理的理想が把握可能とし、かかる倫理的理想によって社会問題に対する実践的・政策的発言を展開するとする。対するヴェーバーは、倫理的理想ないし価値理念を相対的・主観的とし、経験科学としての社会科学と価値判断とは峻別すべきであるとの見解を示した。つまり、理想の陳述としての政策決定の問題は、社会科学の問題とはならないと断じる。

……著述家は、いかなる意味で科学的な論究の地盤に立っているといえるのであろうか？

というのも、科学的認識の標識〔メルクマール〕は、なんといっても、その成果が、真理として「客観的に」妥当することのうちに、見いだされなければならないからである。……文化生活一般にかんする科学の領域に、いかなる意味でそうした「客観的に妥当な真理」があるのか、………われわれを拘束する規範や理想をつきとめ、そこから実践のための処方箋を導き出すようなことは、断じて、経験科学の課題ではない……(4)

こうして、かの有名な「存在するもの（Sein）」と「存在すべきもの（Sollen）」とを峻別する原理が述べられる。これは、まさに社会科学（の「客観性」議論）における「原理」となった。曰く、「それはザインかゾルレンか、それは混同されていないか」と。この原理の如何にかかわらず、「客観性」が科学の指標とされたのは、本節冒頭で述べたように、いずれにせよ当時すでに科学的な体系という確立されていた自然科学の議論に由来している。

その自然科学の「客観性」が、二十世紀の自然科学において根底から揺さぶられる事態が発生する。すなわち自然科学においては、主体と客体との間に厳然たる分断があり、それをもって客観的であるとされてきた。つまり、人間の主体としての対象への関与を考慮する必要がなく、したがって主観的な要素に左右されることのない、客観的な真理に到達する途が確保されているというのである。この客観性の前提に抜本的な変更が加えられることとなった。(5)

すなわち、観察の客観性に対し、異議が申立てられ、観察行為における主観の介入が指摘された（W・ハイゼンベルク「不確定性原理」、N・ボーア「相補性原理」）。さらに、不確定であったものが観測行為によって一定の値に収束することが指摘され（「観測による波束の収縮」——コペンハーゲン解釈）、この収縮が主観の介入によって引き起こされざるをえないことが証明されるに至る（フォン・ノイマン）。（加えて、E・フッサールによる「現象学」の成果——自然の数学化の隘路を暴き、ガリレオをして「発見する天才であると同時に隠蔽する天才」とする——を挙げておきたい）。こうした学問上の成果から、もはや主観性から切り離された裸の客観性という表象の不可能性が導かれた。つまり客観性とは、達成されることのないひとつのイデーである[6]。このことから素朴に客観性を獲得可能なものとして理解することは、客観性を主導してきた当の自然科学の原理からして不可能となった[7]。

したがって、客観性に対して、間主観性の議論が提案されることになった。この議論は複数の主観-間に成立する（であろう）「真理」を問題にする。ただし、それがいかなるものであれ、客観的ではない以上、つまり複数の主観の主観性に係留されている以上、相対化される。これは、「客観」という、いわば「絶対」を、その困難さにおいて可能な限り救出しようとする作業のなかにある。つまり、絶対性の追求のさきに、絶対性の困難が生じ、さらにそれを追求する作業において相対性に身を措くという流れである。これは、前節で述べた普遍性獲得における相対化と軌を一にするといえる。

一方こうした「客観性」の議論とは対照的に、一定のテロスを掲げ、それに進む途を提示し、あるいはそこに示されるユートピアから現状を位置づける運動が存在する。社会の向かうべき方向ないしは一定の完成態ないしは到達状態（現実化可能なものとしてであれ、論理的な帰結としてであれ、仮想的な理念としてであれ）を科学的手法をもって論証し、それを目標として掲げ、そこから遡及的に、現状を批判的ないしは否定的に検証する運動である。またそのひとつの先鋭化された議論として、あらゆる「肯定」に対して、徹底的に「否定」を突きつけるやり方である。それらは社会状況の変化、社会認識のヴァリエーションに応じて、さまざまにその構成を変えてきた。つまり批判・否定を通して「解放」される主体をさまざまに交替させながら――プロレタリアートから出発して、マイノリティ、女性、非ヨーロッパ、サブカルチャー、等々――、あるいはテロスや基礎概念を組み替えながら――理想的発話状況（J・ハーバーマス）、文化資本（P・ブルデュー）――一定の理論的な枠組み（「弁証法」）を維持しつつ進展してきた。

こうした動向に対して「客観性」の議論は、前述の原理的な不可能性にもかかわらず、あらゆるテロス・価値に対する批判として、その機能を果たすことができる。それは、厳然とのしかかってくるイデオロギーに対する批判的主張である。なぜなら、もはや「客観的なテロス」など、ありようもないからである。ただしその批判は、（基盤として）客観性そのものに定位するというよりも、むしろ、（対象として）客観的ならざるものに定位し、その主張を可能としている。つまり、客観的ならざるものを批判することで、辛うじて客観的たろうとすることを可能にしている。いわば、非-客観的なものに寄生して、客観性を主張するのである。カウンター・カルチャーである。

　こうした「寄生的なあり方」を、次のように理解することも可能であろう。すなわち、存在と当為との峻別がなされていない事態は――対象を峻別可能なものとして認識しうるかどうかにかかわらず――つねに存在する。つまり、峻別されなければならない事態が、つねに存在する。そこで、峻別が叫ばれることになる。このことを逆からいえば、峻別はけっして完遂されえない。客観性は達成されえない。したがって客観性は、それが最終的に達成されないというかたちでのみ、可能となる。客観性の不可能性を明るみに出さないために客観化の可能性が、叫ばれなくてはならない、と。

　このような理解に立てば、「峻別」の主張は、峻別すべしという当為命題として、当為の側に回収される。すなわち「客観性」を求めてなされる存在と当為の峻別は、いみじくも遺棄されるべき当為としてのみ可能となるのである。さて、こうした（当為に定位する）主張は、果たして「客観的」であろうか。第二の隘路《アポリア》である。

Ⅲ　合理性――始原《アルケー》もなく、終局《テロス》もなく

以上のように、ヨーロッパ近代において前提とされていた学問的なメルクマールは、このように変貌を余儀なくされた。それは、連綿として継受されてきた学問文化伝統を断ち切るかのような一連の出来事（「パラダイム転換」）である。このように既存の学問前提の隘路が暴かれた現在、合理性とは、何をもって「合理（的）」とされうるのだろうか。そもそも合理性はいかにして可能なのだろうか。ここではまず、「真理」「客観性」めぐる前述の議論から、その糸口を探っていくことにしたい。

さきに、学問が真理の体系としてその同一性を獲得しようとする過程で、学問の体系そのものが相対化されていったこと、また客観性は、客観化可能性の要請として可能になることを示した。この二つには、共通した矛盾が見られる。それは、真理という普遍的・絶対的表象が、相対化の議論のなかで可能になっているという矛盾、また存在と当為の峻別を旨とする客観性の議論が、当為として語られるという矛盾である。もしこの両者が、近代におけるメルクマールの帰結ないしは避けることのできない通過点であるとしたら、いずれにせよこの矛盾はそのメルクマールたる「合理性」のもとに回収されなくてはならない。ここでは、法を例に考えてみたい。それは、

近代において可能になった法としての「実定法」を問題にすることで、そこに近代を可能にする機制がきわめて典型的に示されうると考えるからである。

近代以前の法は、自然法であった。自然法は、神という人間世界の外部に存する根拠によって基礎づけられていた。天上の神は地上の人間に対して、法をいわば上から覆い被せる。人間はそうした法にひれ伏し、それに従う。そうした階層的《ヒエラルヒカル》な秩序が、そこでは示されていた。しかしこの「説明」には、重大なパラドクスがある。

すなわち、こうした神の業を人間はどこから見ているのかという、観察の位置に関わるパラドクスである。神が世界の外部から世界に対してなんらかの作用を行い、人間がその世界の内に存するとするなら、神は人間を観察できる。では、神が人間になしている業を、人間はどこから見ることができるのだろうか。それを可能にする位置は、神（とその業）をも外部から観察することのできる位置である。つまり、神の神という視座である。天上を突破した、さらにその上からである。つまり、自然法の議論は（もしそれを人間が口にするのであれば）、自然法という超越的な規範の有する超越性を人間がさらに突破することにより可能となっているのである。これは矛盾である。(8)

近代になり、社会は自然法に代わり実定法を備えるようになる。実定法は、まさにヨーロッパ近代において成立した法実証主義により支えられる法であり、形式を備えた合理性のひとつとして挙げられる当のものである。それは、神の法とは異なり人定法であり、法のみが法の根拠である(9)。すなわち、法は法によって根拠づけられる。こうした人による法は、所詮「決めごと」である。その実質的な内容の正しさは、自然法とは異なり、それを制定した人間の不完全ゆえに保証されえない。

この「法を根拠づける法」というのは、上位からの基礎づけではなく、自己が自己を基礎づける、すなわち階層的ではなく循環的な基礎づけである。上位から基礎づけが「なにかに根拠づけられた」という第一の正しさの内容の始原《アルケー》をたどる実質性をもっているのに対し、法による法の根拠づけは、「正しきものに根拠づけられたがゆえに正しい」という、その形式性に正しさの根拠を有する。それを「形式」と呼ぶのは、「正しさ」の根拠を遡及したところで、なんらその内容上の正しさには至らないからである。それが「正しい」のは、ただ、「正しいとされるものに基礎づけられた」ことが正しさの準拠点になる。「・・・とされる」かどうかが、正しさの条件であり、なんら正しさの根拠そのものは示されない。

その意味では、自然法であれ実定法であれ、どちらの法にあっても、「正しさ」が示されることに変わりはない。と同時に、そこでは法に適った「正しきもの」と、同時にその反対項として、法に適わない「正しくないもの」が示される。上位から基礎による法の場合、この「正しくなさ」の根拠は、「正しさの根拠」の場合同様に、上位から基礎づけられうる。一方、法によって基礎づけられる法の場合、つまり実質から問うのでなく形式から問うならば、さきと同様に「正しくなさ」の内容は示されない。ただし、内容が示されないこの法にあっても、「正しさ」と「正しくなさ」は示されている。つまり、正しさ/正しくなさ-区別は示されているのである。それは、内容上の「正しさ/正しくなさ」ではなく、区別という形式上の「正しさ/正しくなさ」である。そして、ここに「示されていること」が正しいとされるのは、この区別そのものが正しいからである。なぜなら、正しいとされた法による区別だからである。つまり、正しくなさは、正しい区別によって示されるところの正しくなさということになり、この両者は全体として、正しい区別のセットのなかに回収されていることになる。この正しい区別のセットが(正しき)法である。これが実定法である。他方、上からの基礎づけによる法の場合、すなわち自然法によるならば、この区別に対する問いかけは生じえない。なぜなら、神が与えたもうた区別は「絶対」に正しく、それゆえにその基準の是非を問う必要がないからである。人は神を仰げばよい。

言い換えれば次のようになる。(実定)法においては、もはや内容上の正しさは、そのものとしては議論されない。法が法であるということ自体が正しさを示していることになる。逆に法が示すのは、それが法と定めたところの正しきものであるかどうか、つまり合法/不法-対置におけるその区別そのものが合法か不法かという問いである。その場合、法全体としての合法性は、法そのものの合法性ではなく(内容の合法性ではなく)、合法/不法-セットの合法性である。そのセットの合法性は、セットを区別するもの、すなわち、「合法／不法」というセットを合法とし不法でないとする区別の合法性（「合法／不法」／不法-区別の合法性）となる。以下、問い続けるかぎり、区別の区別の区別、区別の区別の区別の・・・と連鎖する。このように実定法においては、その「実質」が問題にされているのではなく、「形式」が問題とされている。(10)

この法による法の基礎づけ、したがって自己による自己の基礎づけという法の形式性を、「真理」と「客観性」に関するさきの二つの矛盾に当てはめてみる。すなわち、ここで絶対的真理／相対的真理および存在／当為という対置を成り立たせている区別に、その区別そのものを適用する。そのことにより、絶対的真理／相対的真理という区別は絶対的なのか相対的なのか、また存在／当為という区別は存在なのか当為なのか、という問題が導かれる。

絶対的真理が相対的真理の側に、また存在が当為の側に回収されていることはさきに示したとおりである。これを矛盾ととらえず、さらにこの視点を維持し続けるのであれば、相対化は、さらなる相対化を導き、また当為はさらなる当為を導く。すなわち、相対化されたものは、それが絶対化されることはなく、再びそれ自身が相対化されることとなる、以下続く。当為として提示されたものは、その提示された状態（存在）をさらに当為として機能させることにより（存在ではなく）当為となりうる、以下続く。

このようにして、さきに挙げた矛盾は、その矛盾の露呈を延期するというかたちで、隠され続けていく。絶対／相対-区別は、それが相対化され続ける限りにおいて、それが絶対か相対かという問いを免れる。なぜなら、絶対的真理を希求することのなかで真理が相対化されるからである。まさに「万物は流転」する。そしてこの命題そのものも流転する（「万物は流転する」は流転する）。パラダイムは交替する。そしてこの言明（「パラダイム理論」）そのものも交替する（「パラダイム理論」というパラダイムは交替する）。科学は、そのようにして進歩する。その限りで、この連鎖は全体として「科学の真理」である。

同様に、存在／当為-区別は、それが当為として機能し続ける限りにおいて、とりあえずそれが存在か当為かという問いにはさらされない。なぜなら、それが当為として機能している限り、存在が当為から区別され続けられなくてはならないからである。客観性の要件は、このようにしてつねに客観的なるものを指し示し続ける。この連続が、全体として「客観性」を可能にしている。

再び法でいえば、合法／不法-区別は、その区別が合法として示される限り、そして、その区別を合法と示す区別が合法として示される限り・・・、それ自体が合法か不法か問われることなく、示されるそのつどにおいて、合法なものとしてあり続けていく。法は、そのようにして法は法として妥当し続けていく。

以上は、一方向的な（無限）遡行ではない。ここでは、真理が真理に言及し、客観性が客観性に言及し、法が法に言及する。すなわち、絶対／相対の絶対／相対が問われ、存在／当為の存在／当為が問われ、合法／不法の合法／不法が問われる。真理、客観性、法をめぐって展開されるディスコースが、そのディスコースを可能にする区別において閉じているのである。この「閉じ」が、すなわちこの再帰的・自己言及的ディスコースが、あらゆる事態をそのディスコースにおいて説明可能とする。[11] もはや、そこには矛盾は存在しえない。矛盾は、解決の俎上にのぼらされるという意味で、そしてつねにその解決が延期されるという意味で、かかるディスコースのなかに無害化されて埋め込まれているのである。いま提示されている学問を疑う人は学問的であろうし、ここに示される客観性を疑う人は客観的であろうとし、また現判断の正しさに対して疑問を差し挟む人は正しき判断を求めているのである。神からの答えは一つしかなく、一度で十分であり、かつ永遠である。人が人の世において出しうる答えは、つねに正しきものへと改変されていく。正確には、改変されて行かなくてはならない。Ecclesia reformata semper est reformanda.
（教会は改革され続けなければならない。）

　以上どの例においても、根拠ないし始原《アルケー》は示されず、また遡及すらされない。そこにあるのは、再帰的・自己言及的な言及による連鎖、つまり自己言及の絶えざる運動である。このようにして、矛盾として呈されたものは、その露呈をとりあえず延期するという仕方で、完結した整合性をもつ一つの論理的回路のなかに置かれることになる。「真理」と「客観性」は、ここにおいてのみ可能となる。形式による合理性とは、まさにこの回路によって導かれる事態にほかならない。その整合《コンシステント》的な論理回路こそが、形式的合理性の必要条件である。(12) この回路に始原《アルケー》はない。また終局《テロス》もない（前節「客観性」参照）。あるのは、プロセスだけである。第一原理（unum necessarium）は、自己言及である。そして、それによって支えられるところの整合性《コンシステンツ》が、形式的合理性を可能にする。逆に、この自己言及的構造をもって、形式は合理性として、その一貫性と完結性とを獲得する。

Ⅳ　非合理性――Il sole anche di notte.

社会におけるこうした形式性（合理性）の生成を、偶然とするかあるいは必然とするか、それをここで問うことはできない。すくなくとも、その生成がかかる既存の価値のもとで、ましてやこの形式そのものに準拠してなされたとは考えられない。神は人間に神の法から離れ自ら法を創ることを許すとは考えられず、また形式合理性が（形式の）合理性に先立ってあらかじめ（合理性の）形式を備えていたとは考えられないからである。しかし、それは現に生じた。そしてひとたび形式性が獲得されたならば、議論は実質ではなく形式に、すなわち何が価値であるかではなく、その価値をどのように用いるかに移されていく。もはや、そのつど神に指示を仰ぐ必要はなく、またいちいち判断の内容上の根拠を問う必要はない。もはや合理性の生成が合理的になされたかどうか、またかかる合理性が合理的かどうかは問題ではない。合理性（のエリクチュール）は自律的に展開していく。それはある側面（形式化によって切り離された実質）からは「暴走」とも理解される。たとえば資本主義は、このようにして宗教的な外皮を脱ぎ捨てるかたちで（自律的に）発展した[13]。

その一方で、現代の社会にはこのような形式に収められることのない、すなわち依然として、あるいはいままさに高く揚げられた「価値」が存在する。たとえば、「神の領域」「人間の尊厳」「畏敬の念」「地球環境」のように、生命倫理・環境倫理ないしは臓器移植・エコロジーの危機といったかつて予想されていなかった問題について、ある高所に位置する（ないしは高所からの）価値の提示である。それらは、神の「自然」ないし神によって創られた「自然」として、すなわち守るべき「実質」として掲げられている。また他方では、ユートピアの消滅、未来への不安、閉塞する社会状況をまえに、強引なリーダーシップを備えた政治的カリスマへの期待、あるいは宗教的カルトへの入信など、およそ「近代」が積み上げてきた所産とは逆行する運動も散見するところである。これらはかかる形式的合理性の内側ないしは延長線上に属するものだろうか。すなわち近代において想定されえたものなのであろうか。つまり、ヴェーバーがペシミスティックに予想した近代の一局面なのだろうか。あるいは、そうした近代の有り様ないしは診断を飛び出たものなのだろうか。

　ここではさきに挙げた区別の議論を、合理性／非合理性‐区別で展開する。その場合、「合理性」といわれることで、「合理性」と「合理性ではないもの」がそこに指し示される、ないしは示されうる。それは対称化されたかたちでは示されない。合理性という片側を軸に、そうであるものとそうでないものが区分されるからである。つまり、一方が明確に指示された場合、他方（＝そうではないもの）が背景のように、あるいは補集合のように、示唆ないし想起されうる。こうして、合理性は合理的なるものを合理的なものとして区分する。なぜなら、その区分そのものが合理的であるからである。その反対項にあるものの、非合理さそのものは、合理性からは確定しえない。なぜなら、合理性は合理的であり、非合理的ではないからである。ヘテロなるものについては、否定というかたち、反対項というかたちで措定することはできようが、それが「なにものであるか」というその内容については、それ自身において（an sich）は言及しえない。基準は、あくまでも合理性の側にある。

　このように合理／非合理‐区別は、その区別をなす「／」の合理性に依っている。そしてこの区別そのものが、すなわち「／」が合理的であるかどうかは――すでに法の例で示したように――、「合理的／非合理的」／非合理的‐区別によって指し示されることになる。さらにこの区別の合理性は・・・、以下続く。この区別が永続的になされるのであれば、それをもって非合理的なるものを合理的なるものに書き換えていく「運動」だということができる。これをヨーロッパの脈絡における「近代化」と呼ぶことも可能であろう。いずれにせよ、このようにして非合理的なるものの領域は徐々に狭められ、逆に合理的なるものの領域が増大するように見える。ただし、合理的な領域と非合理的な領域とは、いま述べたように、その区別が合理的になされているという点で、対称をなしてはいない。あくまでも合理の側から見た非合理ということで、合理的なるものから見た非合理性にとどまる。その意味で、裸の非合理性ではない。裸の非合理性は本来的に見えない。なぜならば、人は見ることができないということを見ることができないからである。それを見ることができてしまえば、見えないことにはならない(14)。したがって、合理的なる領域の拡張は、非合理的なるものの領域の減少を導くとは限らず、むしろ拡張によって新たな非合理性領域が発見されうる。つまり、合理性が非合理性を生み出していく(15)。

結局、非合理性とは、それが合理的でないといわれる限りにおいて、合理性の枠から見た非合理性である。つまり、合理性は、その非合理性を想定しうる、そうした非合理性である。その意味で、非合理性とは、合理的非合理性と呼びうる。結局、非合理性は合理性を突破できない。非合理性は合理性から定義づけられるのである。すなわち、「闇はこれ（光）に勝たなかった」（ヨハネによる福音書第一章五節）、あるいは「太陽は夜も輝く（Il sole anche di notte）」のである。

Ⅴ 「ポスト合理性」の認識

ここまできて、ようやく「ポスト合理性」ついて、議論を及ぼすことができる。冒頭において、ポスト合理性を「合理性をはみだしたもの」としておいた。そして、いま述べたように非合理性は、合理的非合理性、すなわち合理性から推測されうるもの、つまり合理性（合理性／非合理性-区別）に収まるものであるとした。したがって、これを踏まえて、冒頭の「ポスト合理性」を再定義するならば、それは「合理性／非合理性-区別をはみだしたもの」ということになる。もしそうだとするとここにひとつの困難が生ずる。こうした「ポスト合理性」は、そもそも合理的な認識の対象（科学の対象）となりうるかという問題である。観照《テオーリア》ではなく、能動的に認識という主観的に思念された意味に定位した行為をもって、「ポスト合理性」をそれ自体として（an sich に）扱うことは可能であろうか。

もとより、近年喧伝される「神の領域」「人間の尊厳」「畏敬の念」「地球環境」といった表象は、本来的に批判の余地のない価値である。自然化された対象であり、その意味で神の秩序である。それは、前述のあらゆる「隘路《アポリア》」を乗り越え、われわれ人間に超越からもたらされる「価値」である。すなわち、絶対／相対、普遍／特殊、存在／当為、全体／部分、可能性／現実性、こうした区別を免れた、あるいは区別に超然として鎮座する価値である。その価値の如何については——具体化におけるそれぞれの場面でのコンフリクトを除けば——、そのものとして誰も疑えない。その意味では、これらは人間的な区別のもとに付されうるものではない。したがって本来、そうした価値をそのものとして取り扱うことは、人間にはできないはずである。その意味でも、人間的な区別の一方に属するものではなく、そうした区別に区別されないもの、区別を超え出たものである。つまり、「認識可能／認識不可能-区別」と区別されたもの、つまり区別の区別によって示されうる（「認識可能／認識不可能-区別」／○○○-区別の○○○に当たる）ものである。

第一の区別（認識可能／認識不可能）が人間的な区別——つまり人間が世界から認識可能なものを抽出し、その反対側に認識不可能なものを示唆するという区別——であるならば、第二の区別——「認識可能／認識不可能-区別」セットを区別すること——は、人間の認識を超える。なぜならば、第二の区別は、人間の認識（第一の区別のセット）をそうでないものから区別するからである。それをなにごとかと名付けた瞬間（たとえば「人間の認識を超えたもの」との名付け）それは人間の認識の内に押し戻されてしまう。だから、本来的に呼ぶことはできない。したがって、それは神による区別である。その区別は、さきの人間の区別と同様に非対称化されているかもしれないが、それは人間にはわからない。さきに非合理性を合理性に対する補集合と表したが、ポスト合理性は空集合（ϕ）で表されよう。

ここで、ポスト合理性に対する人間の立ち位置が見えてくる。すなわち、ポスト合理性そのものは人間の本来的な認識を超え出ているものである。それを、なにごとかとして指し示しうるのは、指し示しが可能なものの反対のもの、つまり人間の認識からははみ出たものとして示唆されうるからである。それに人間は、もっともらしい名前をつける。「神の領域」「人間の尊厳」「畏敬の念」「地球環境」は、まずもってその「内容」を示されていない。ただし、それらは（神の名を掲げる）人間によって具体化されたとき、主観的な価値の範疇に引き戻される。神の秩序に対して、特権的な外部観察者として陳述する人間の位置が隠されている。すなわち、「神はこう述べている」と人間が述べる、その人間の位置を隠すのである。このようにして、「神の領域」「人間の尊厳」「畏敬の念」「地球環境」は、神の言葉として伝えられる。それを聞いた人間は、ただひれ伏すしかない。

そもそもこれらのポスト合理的表象は、限界状況にさしかかったとき、その否定的状況（問題として指摘される状況）を救済する目的で、上段から（あらゆる既存の枠組み・前提、積み上げられてきた議論や成果を突き破って、場合によってはなりふり構わずに）降りかかってくる概念である。「いかなる条件であれ」、「どのような手段を用いても」、「なにがなんでも」、手段を講じなければならない、そうした場面で示される表象である。これは、近代において人間が自らの手によって「解明」し、それによって「普遍性」を獲得し、ないしは「合意」を積み上げてきたやり方とは、逆方向のものである。人間のそうした行為が、なにごとかを解明し、定式化し、普遍化するのに対し、ポスト合理性は、人間が説明できなくなったとき、具体性と一般性、特殊性と普遍性の区別を超えて、そしてその区別それ自体の存在と可能性を陵駕するかたちで、一網打尽に、すべてを網羅するかたちで降りかかってくる。人間の合理性／非合理性‐区別が積み上げていくものであるとするならば、ポスト合理性は、事態が説明できないときに、なにも解明せず、ただそれを格率として投げつけ、それに従わせる。ただし、その投入が、（外部に位置する）人間によって暗黙裏に行われていることは、前述したとおりである。だからポスト合理性なのである。神がそれを行うのであれば、「合理性（ratio）」そのものである。

もっとも、こうしたポスト合理性の含意を基点に、さまざまな具体的な内容を定めていくことも可能である。ただし、それは「神の言葉」の人間における解釈となり、そこには人間の解釈の多様性、恣意の混入がもたらされる。これは形式的には非合理的である。客観性の議論の前提すら大幅に後退させてしまうからである。自然法の時代が備えていた「隠された構造」すらもちえないまま、あるいは確立された階層《ヘテラルヒカル》的秩序さえ示されえないまま、あからさまな恣意と思惑による判断を可能とし、唐突な戦略と露骨な利益志向をも誘導しうる。つまり実質であれ形式であれ、これまで社会が積み上げてきたさまざまな装置、たとえば近代における民主主義、議会制、政教分離、実定法はもとより、それ以前の教会やさらには神託すらも、ある意味で通り抜けてしまうやり方を導くことになる。

かつて自然法の時代、為政者たちは法を「神の法」として述べ伝えることによって、自らの意図をそこに隠した。それが支配である。近代の実定法は、その隠された構造に対して、法自らが法を根拠づけるという代替案を提出した。ここには隠されたものはない[16]。これは、近代法が備えた法の形式である。こうした形式を備えることにより、刑罰を科すか否かについての要件に、恣意が混入することを限りなく排除する。ポスト合理性のもとでは、こうした恣意を排除することができない。なぜなら、それは形式ではないからである。手の内を見せることなく、なんら正体を顕わにすることなく超然と降りかかってくる。

したがってまず第一に、ポスト合理性は、そのものとして本来的には認識できない。内容や実質を確定して持ち出すことはできない。それは、まずもって人間の認識の外側に位置するものだからである。第二に、ポスト合理性は、そのものとして持ち出されることはなく、「なにごとか」として持ち出される。この「なにごと」かを「かくかくしかじかのもの」と決定するのは、つまり用いられるのは、それを持ち出す主体の恣意による。逆にいえばポスト合理性は、それが用いられない限りにおいて、合理的でありうる。さきに述べたように、その存在は、区別の枠組みにおいて、区別の向こう側として「規定しえないが、示唆しうるもの」だからである。その限りで、「否定神学」である。否定神学であるならば、否定し続けなくてはならない。ある時点で、「肯定」が持ち出されてはならない。

Ⅵ 「ポスト合理性」という機制

以上から、ポスト合理性が問題をはらむのは、それが持ち出されるとき、つまり機能する（させられる）ときである。規定しえないものを、なにごとかと規定したからである。前述のように、合理性が合理的なものとしてそれ自身を貫徹しえたのは、それが自己言及的構造を有していたからであった。さらに、非合理性も合理的非合理性であることは、述べたとおりである。つまり、非合理性も、（合理性の）自己言及的構造から規定される。そこで、ポスト合理性の果たしうる機能を、自己言及的構造との対比で見ていこう。

まず、ポスト合理性は、そのものとして認識しえないものであり、その意味で観察不可能（合理的とも、非合理的とも観察できないもの）であった。そこで論理は、観察不可能なものの観察可能性という問題に向かう。これについては、さきの裸の非合理性についての認識不可能性の議論をここでも繰り返すことになる。観察不可能なものは、観察が不可能であるということも観察することが不可能であり、したがって、観察の可否を言明する対象となりえない。したがって、それについては「沈黙する」ことしかできない。しかしながら、ポスト合理性に関するディスコースは、この「沈黙」を破る。ここで破るというのは、それをそのものとして可能にする一切の構造を有していないにもかかわらず、饒舌に振る舞うからである。「合理的でない」という理由をもってそれに対して据えられている一種の防波堤《バリアー》を容赦なく突破してくるのである。

たとえば、現状から見て向かうべき目標と推定されるものが、実体化され、逆のその目標が現状を規定するやり方である。そこにそれ相応の論理構造が提示されるのであれば、宗教ないしイデオロギーとなりえよう。場合によって、合理的とも非合理的とも記述されよう。しかしポスト合理性は、そうした構造を備えずに、単純に現状を憂い、ユートピアを説くことができる。すなわち、彼方のユートピアの存在を掲げ、いまだ誰も見たことのないユートピアを前提に現状を憂うという逆転を行う。示唆されるユートピアの実質を具体的に示しえないので、現実／非現実-区別を非ユートピア／ユートピア-区別に置き換え、現実とユートピアの非対称性を逆転させ、（われわれが現実に定位しているにもかかわらず）ユートピアに定位し現実を語る。現実に関するあるゆる判断は、ユートピアの側に回収される。ただし、その際、いかなる主体もユートピアには住んでいない。つまり、誰もそこで（つまりユートピアで）語ってはいない。その語りは、秘密裏に現実を脱し、（自ら祭り上げる）神の位置に上り詰め、ユートピアと現実とを秤にかけている。つまり、語りえなかった人間が、神の横に座することで、雄弁に物語ることができるようになるのである。これは、もはや地上のコミュニケーションではない。自己言及的コミュニケーションのループを突破し、高所からのコミュニケーションに参与するのである。ここに跳躍《アクロバット》が隠されている。それに参与するものは、暗黙裏に、その場所に引き上げられる。人類の「終わり」を警告する教説も同様である。

「神の領域」「人間の尊厳」「畏敬の念」「地球環境」も、また人類共通の価値に基づく正義の教説も、同等の跳躍《アクロバット》を行いうる。自己言及的ループからは、けっしてこうした議論をなしえない。逆にいえば、自己言及による論理的な「閉じ」を完遂せず、したがって閉じた論理のネットワークに参与しないこと、あるいは積み上げてきた論理の整合性からの説明を省略すること、主体の位置を反省的に捉えないこと、これらがポスト合理性を可能にする。

つまり、ポスト合理性は、エポケーによって成り立っている。ただし、このエポケーは超越に頭を垂れ、ひれ伏すこととは異なる。中世の人間が、神に支配される他律的存在とされるならば、近代における人間は自ら思惟する自律的存在である。自律性は自己言及的論理（自律的論理）のなかで思惟する。そうした近代的存在に対し、ポスト合理性は、再び神にひれ伏す人間を予定しているのではない。神について思惟するのではなく、忘却する人間を予定しているのである。すなわち、予定しているのは、ただエポケーする人間である。逆にいえば、神の存在を前提としえない近代人において、エポケーがポスト合理性を可能にするのである。

このようにエポケーがポスト合理性を可能にするというとき、判断を〈続ける／停止する〉主体の〈強さ／弱さ〉を問題にしているのではない。すなわち、よくいわれるように、強い主体を前提とした近代が、弱い主体によってその完遂を阻まれるという事態を示しているのではない。単純化していえば、人を強い神をまえにひれ伏させ、権威としての神を擁立するという人間の他律的構成は中世のものである。それは弱い主体とされることがある。神との対峙対決を通して生きていく強い主体という自律性の強調は、近代のものである。しかし、強いものに定位するという他律性（超越に対する献身・自己犠牲、カリスマに対する熱狂的支持）を宣言する強い主体もありうる。その限りで自律／他律、それに関わる主体の強い／弱いはエポケーの問題ではない。また、エポケーは、準拠する対象の合理性／非合理性の区別からは独立してなされる。このように、問題にされるのは主体の属性ではない。対象への関与における「自己言及的反省能力」の欠如である。反省なきまま、盲目的になされるポスト合理性への帰依は、熱狂、ドラマ性、覚醒作用を伴う。以下、三つを例にさらに考えたい。

（1）宗教

ここでいう「自己言及的反省能力」を、宗教において見てみよう。宗教こそ、ある意味で限界事例だからである。「宗教」は、神および死という、人間の生が本来的には観察しえないものとのコミュニケーションに関わる。その意味で、論理的に閉じておらず、その限りで合理的ではない（そもそも人間の生に忽然と降りかかる死は、そのものとして合理的でありようがない）。しかし、自己の死を経験した人間はいないが、死を迎えるという確信は、すべての人間がもっている。したがってそれは、単なる観察不可能性のうちにとどまるものではない。誰もが思念し、そして必ずそして現実に誰もに訪れ、そのことを誰もが確信している。すなわち、観察不可能ではあるが、それが観察不可能なものとして観察されている事態は確信されており、その確信自体も観察可能である。さらに宗教（キリスト教）は、区別を扱う。すなわち、生と死、超越と内在とを区別する。神と人とは区別され、その区別に分け入るように神の子として同時に人の子として、イエス・キリストが天から地にもたらされる。生きるものとして死に、そして復活する。言葉《ロゴス》たる神は、人に作用し、人間は神を信仰する。このように超越と内在との相互往還とその止揚《アウフヘーベン》が教義として示される。ここに観察しえないものの観察可能性が、人知を超えて（偶然かつ必然的に）に人間の側に分け入ってくる教義・論理が用意されている。観察不可能なものが教義（学）というある複雑性（複合的構造）を備えた装置を介して、観察可能なものとして再構成されるのである。そこに偶像崇拝と神信仰との差異がある。超越からもたらされる業が、超越をめぐるディスコースに組み込まれ、それを特権的に外部から眺めるのではなく、人間の側において再構成されるのである。こうした構成による限り、「宗教」は、いまここで論じているポスト合理性とは異なる。ポスト合理性は、近代が獲得した自己言及性というメカニズムを自覚することなく、エポケーを通じて生ずるひとつの伽藍といえる。そこには内容も形式もない。どちらも必要とされていない。というより、それらが具備されたとたん「ポスト合理性」としては機能しなくなる。

(2) 地球環境

さらにポスト合理性の用い方を「地球環境」を例に考えてみたい。「地球環境」という表象は存在する。しかし、その表象のもとに体系づけられた形式の総体は獲得されていない。あるいは、いまだ模索されている最中である。現時点で「地球環境」に向けて、「神」および「ペットの餌」のどちらからも考えていくことは可能である。しかし前者は、非常に崇高かつ高度に抽象的なものとして、それ自体としてはなんら問題を処理しえず、また後者は(連鎖を想定しうるにせよ)あまりに些細なものとして、さしたる問題も提出しえない。このことは、「地球環境」というタイトルに対し、どのレヴェルにおいても問題にされえることが示されていると同時に、それを全体として体系的に問題としうるレヴェルが、いまだ見つかっていないことを意味している[17]。すなわち、論理が閉じていない。もし、宗教の教義ないしそれに専従する神学が、神とペットの餌とを「地球環境」において結び付けることができた場合、またペットの餌に関する言説が神をも主題としうるとき、あるいは第三のものがそれらを包括的に議論する論理体系をもちうるならば、それはもはや「ポスト合理的」とは呼ぶ必要がないかもしれない。

逆に、「地球環境」がポスト合理的であるのは、それが「なにごとか」ではありうるが、つまり神の問題として、またペットの餌の問題としてありうるが、「神」の問題でも「ペットの餌」の問題でもないということである。抽象性を言っているのではない。機能を言っているのである。たとえば法は、抽象をもって（信義則など「一般条項」を用いて）、法の論理の枠内で一貫して（つまり自己言及的に）、具象を処理することもできる。しかし「ポスト合理性」は、その意味で抽象としても、具象としても機能しない。それが、潜在性と顕在性、可能性と現実性の「背後」にありうるものとして（あるものとしてではない！）機能している。現に地球環境をめぐるディスコースは、それがおよそ地球に存在するものすべてにとって危急の問題であるとされながらも、「地球」として、ナイーヴにその保全を希求するという意味では、非常に楽観的であり、かつそれ以外に当面方法を見つけられないという意味では、きわめて悲観的といえる。つまり、「地球環境」という表象は、空虚なのである。なにもかも指示するようで、なにをも指示しない。なにかあるものを指示したとき、他のものを指示しえず、そのことにより、すべてものに対して向けられるというそのことが、閉ざされてしまう。

（3）カタストロフ

最後に、「ポスト合理性」のもう一つの例として、未曾有のカタストロフに対し、「人間の限界」をもって理解しようとするやり方を見てみたい。この問題は、人間の限界について人間が知りうることができるか、というパラドキシカルな問いを導く。ここで言う「限界」とは、人間が知っている「人間の限界」か、あるいは人間が知りえない「人間の限界」なのだろうか。前者は知りえている以上、「限界」を超えて生ずるものは、「限界の外」という限界の内での判断の対象となる。すなわち、「想定外」という想定である。その場合、人間の不十分な判断や怠惰として、「限界」が語られることとなる。つまり想定できたのに想定しなかったと。そのとき、カタストロフは、天災ではなく人災とされる。

一方、人間が知ることのできない限界であった場合、知りえないものについて、どのように記述することが可能であろうか。一つは有限な人間に対して、その反対の極に無限の全知全能なる存在を持ち出すことである。その対置図式において、限界を知りえない有限な人間が、無限の力によって己の有限性ゆえの限界を突破されるかたちで、知りえないものを知ること（知らされること）ができた場合、つまりその存在に触れられた場合、人間はその存在に問いかけ、自身の限界の枠を拡大しようとする。「神はなにゆえにこの世に悪の存在を許すか？」。神義論的な問いである。答えがなされ、答えに納得できれば、人間において、この限界の問題は限界として生じない。「説明がなされた」ないしは「解明された」からである。あるいは、この限界が全能である神の計画のうちであることを知り、それに納得できたならば（信仰を告白するならば）、その限界は神の真理《ロゴス》に委ねられる。一方、答えがなされずまたは聞こえず、あるいは理解ないし納得できない場合であっても、さらにそのうえでもなお神が「限界」について問いかけ続ける対象として存在するのであれば、限界は主題化され続ける。答えを求め続ける、あるいは待ち続けるというかたちでの「延期」が、限界が限界であることをとりあえず括弧に入れ、無害化し続ける。

そうでなかった場合、つまり「人間の限界」という表象が表象としてあり続けるとき、そこにはその表象に対する人間のエポケーが存在する。それについてはそれ以上問わないことが、かかる表象を存在させる要件となる。そのとき「人間の限界」は、なにも指し示しえない。諦観や運命として記述されるのでもなく、まずもって「人間の限界」として、なにも具体的に示さない限りにおいて、機能するのである。(18)

いうなれば、ポスト合理性はトランプのジョーカーである。「なにごとか」でありうる。しかし、それはなにごとかでありうるがゆえに機能しているのではなく、なにごとかでありうるがゆえに機能しているのである。一度なにごとかになりえてしまうと、つまりなにごとかとして指し示されてしまうと、それはもはやポスト合理性の位置にはとどまりえない。神のロゴスか、その指し示しを行った人間の主観ないしは恣意である。それは、近代が当初から問題にしてきた外側から君臨する規範ないし価値、支配する力ないし媒質として働く。ただし、そこには信仰も信任もない。実質も形式もない。ましてや学問的解明もない。あるのは盲信と服従だけである。それがポスト合理性である。

結　近代の審級――カエサルのものはカエサルへ

合理的ならざるものと合理的なるものとの区分は、合理的に行われる。その際、区分された片側、つまり合理的基準によって区分された合理的ならざるものは、この全体としての合理性を体現する一方の要素である。だから、非合理性は合理性のアンチテーゼではない。合理的なるものによって際立たされた領域である。合理性とともに、相補的・同時的に、互いに互いを指し示し合うかたちで生起してくるものである。近代が合理性とともに在るように、近代は非合理性とともに在る。したがって、非合理性はなんらかのかたちで近代化に、すなわち合理化に与しうる。あるいはより積極的に、近代そのものの修正を導きうる。この非合理的なるものをそのようなもの（合理的／非合理的）として抽出した合理性の基準と「合理的なるもの／合理的ならざるもの」の塊《マス》が展開する絶えざる運動、近代の「合理性」という有り様を表している。

この合理性という有り様が維持される限り、つまりすでに述べてきた区分の自己言及的「運動」が連続する限り、近代は持続する。よくいわれるように、核が多元的であるか、複数のコンテクストを有しているか、あるいは「大きな物語」が終焉したかは、すなわちそれによって近代が終焉したという指摘は、この脈絡では意味をなさない。なぜならば、単一性に対して多元性を主張する主張そのものは唯一的であり（つまり多元主義は一つの主義であり）、コンテクストの複数性の指摘そのものは単数であり、大きな物語の終焉は、そのテーゼそのものが「大きな物語」だからである。そうした近代に対する評価は、その評価そのものが、その評価を成り立たせた指摘を免れているというやり方で可能になっている。つまり、それらがまだ自己言及的な論理のなかに措かれていない。逆にそこに措かせることで、これらをすべてこれまで述べてきた近代の内に回収することができる。

したがって依然として示されるのは、いまだ完成していない近代、未完の近代である。完成するかどうかはわからない。いま全体の（全体というものがあるとしたらの仮定のうえでだが）どのあたりに位置しているかは、位置し、走っている自分自身には見えないからである。見えるとしたら、それは例によって神の視座に跳躍したことになる。そもそも自己が近代にいるかポストモダンにいるか、どうやって判断するのだろうか。自己は、つねに「現在」にのみ存在する。自己は、現在の自己において、現在の合理性を展開する。それゆえ、われわれは、ただ合理的ならざるものを合理的なるものと合理的に区分し続けるのである。（運動としての）合理性を展開し続けるのである。

ポスト合理性は、この合理性の運動のなかに収められていない。合理性の議論から、したがって合理的ならざるものの議論からも「埒外」であり、その外に追いやられている。正確には、追いやられていることすら見えない。モーゼは偶像の崇拝を戒めた。モーゼが戒めえたのは、偶像が「像」をもっているからである。ポスト合理性は、そうした偶像たる「像」すらもっていない。実質も形式ももちえず、姿も形も見えない。在りようがないというかたちで（あるがゆえに）在りうる。隠されて《オカルト》（occulta）いるのである。

ならば、合理性に対する（つまり近代に対する）なにものかとしてポスト合理性を持ち出し、それを高揚することは、厳に戒められなければならない。ポスト合理性は、近代に対する批判でも、反省材料でもない。近代を破壊するのでもなく、巻き戻すのでもない。神と人との対置に閉め出された、あるいは合理性／非合理性の対置に閉め出された第三のものである。ヴェーバーは悲観的に言う。

> 合理的・経験的認識が世界を呪術から解放して、因果的メカニズムへの世界の変容を徹底的になしとげてしまうと、現世は神が秩序をあたえた、したがって、なんらかの倫理的な意

味を帯びる方向づけをもつ世界だ、といった倫理的要請から発する諸要求との緊張関係はいよいよ決定的となってくる。なぜなら、経験的でかつ数学による方向づけをあたえられているような世界の見方は、原理的に、およそ現世内における事象の「意味」を問うというような物の見方をすべて拒否する、といった態度を生みだしてくるからである。経験科学の合理主義が増大するにつれて、宗教はますます合理的なものの領域から非合理的なものの領域へと追いこまれていき、こうしていまや、何よりも非合理的ないし反合理的な超人間的な力そのものになってしまう。(中間考察[19])

この悲観は、社会学者ヴェーバーによる、学問的な悲観である。かかる区別において、学問的な悲観として述べられたその限りにおいて、楽観的な(楽観から悲観を定式化し悲観を楽観に換えうる、あるいは非合理性ないし反合理性を合理性に与えさせうる)悲観である。

結局、近代は神とカエサルとの区別を実行する。この区別において、そしてこの区別がある限り、神のものとカエサルのものとを振り分けることができる。ポスト合理性は、その区別の外で、虚空間《イマジナリー》上で、実質も形式も有しない伽藍として作用する。それに名をつけて呼び、あるいはそれを「かくかくしかじかのもの」として持ち出すとき、ポスト合理性の陥穽が明らかになる。近代に存するわれわれは、近代を遂行し続けなければならない。区別し続けなくてはならない。合理性に定位するのであれ、非合理性に定位するのであれ、近代を生きていくうえには、それ以外に途はないからである。そのためにも言うのである。「神のものは神へ、カエサルのものはカエサルへ」と。第三のものは存在しない。

註

(1) マックス・ウェーバー『職業としての政治　職業としての学問』中山元訳、日経BP社、二四〇頁。

(2) マックス・ヴェーバー『宗教社会学論選』大塚久雄、生松敬三訳、みすず書房、一九七二年、五頁。

(3) 土方透(編著)『ルーマン／来るべき知』、勁草書房、一九九〇年、一―五頁参照。

(4) 『社会科学と社会政策にかかわる認識の「客観性」』(富永祐治、立野保男訳、折原浩補訳)岩波書店、一九九八年、二六―二七、二九頁。

(5) ヴェーバーの„Wertfreiheit"が、当初「没価値性」と訳され(後に「価値自由性」)、またいわゆる「客観性論文」が一九三六年に『社会科学方法論』(岩波文庫、原題は註4を参照のこと)のタイトルを冠して出版されたことは、「客観性」問題に対する当時の学問的スタンスが表されていると考えられよう。

(6) ちなみにルーマンは、論文「理論の実践」のなかで、価値自由性について、「ノイローゼのシンボル」「実行しなければならない現実の困難な問題を記述することはできない」という。Vgl. Luhmann, Niklas, „Praxis der Theorie" in: *Soziologische Aufklärung*, Opladen 1970, S.263.

(7) こうした事態をまえに客観性を(社会科学において)「客観化可能性」として救出することも可能である。しかし、それは「客観性」に定位した、ヴァリエーションにしかすぎない。あるいは、それを「客観性」を超え出て「客観化」というプロセスとして記述するのであれば、後述するように、もっとラディカルに(区別の区別として)展開することが可能であろう。

(8) これは、二つの点から重要な指摘を可能にする。一つ目は、キリスト教が提示する世界の創造神という神の定式化である。この議論は、「創造神」という想定が、世界を外側から創造するという神の想定をもたらしたこと、さらにその神の業について言及しうる人間の位置(神の外側)を暗黙裡に用意したことから、キリスト教の議論でありつつ、同時に脱形而上学的・脱宗教的議論を用意することになった。

二つ目は、近代における「認識」における科学的説明が、その認識主体をつねに匿名の第三者として措いてあることによる。すなわち、近代科学のよる説明は、匿名の第三者を主体とする議論を展開する。外部の対象を認識主体がその主体内部で対象把握するという外部/内部-

パラダイムは、当の主体そのものが、かかる外部／内部を観察しえないにもかかわらず、主体と対象の外側に、暗黙裡に特権的な観察者の視点が用意されている。（認識している主体は、自己の視線を見ることができない。外部の観察者のみが、その視線を「認識」として説明しうる。）また、具体的には、法の支配を免れている立法者、平等を宣言する人間の平等性（宣言できる特権性が隠されている）などを想起されたい。

（9）「だから実定法においては、法律に合致しているところのものが、なにが正しい法であるか、あるいは厳密に言えば、なにが合法的であるかということの認識の典拠なのである」（ヘーゲル『法の哲学』§212、山本信、藤野渉、赤澤正敏訳『ヘーゲル』中央公論社、一九六七年）。

（10）これはニクラス・ルーマンの差異論的なシステム理論の適用である。Vgl. Hijikata, Toru, „Kann es eine Letztbegründung des Rechts geben?: Die systemtheoretische Begründung des Rechtsnorms“, in: *Archiv für Rechts- und Sozialphilosophie*, 2005 (S.366-378) および拙著『法という現象』（ミネルヴァ書房、二〇〇七年）を参照。

（11）こうした「閉じ」による理論の普遍性獲得について、vgl. Hijikata, Toru, „Das sich entwickelnde System: Die universale Theorie in der gegenwärtigen Wissenschaften“, in: *Rechtstheorie* / Beih. 12, (S.291-296), Duncker und Humbolt Berlin 1991.

（12） この点については、ニクラス・ルーマンの合理性に関する記述、„Rationalität in der modernen Gesellschaft“, in: Luhmann, Niklas, *Ideenevolution*, Frankfurt am Main 2008 を参照のこと。本論文においては、まず前提として、「正しきもの」と「合理性」とがもはや関係づけられないことが述べられたあと、合理性に関する歴史的記述がなされ、続いてヴェーバーおよびパーソンズの合理性がシステム／環境-差異から論じられる（S.218ff.）。その帰結において、今日依拠すべき論理としてゲーデルおよびデリダの名が挙げられ（S.232）、最終的に合理性は自己言及性から基礎づけられている（S.226ff.）。とくにヴェーバーの「合理性」との関係についてはS.214、S.232f.を見よ。さらに別の文献にある記述として、Luhmann, Niklas, *Soziale Systeme: Grundriss einer allgemeinen Theorie*, Frankfurt am Main 1984, S.638 ff.（ニクラス・ルーマン『社会システム理論』（下）（佐藤勉監訳）恒星社厚生閣、一九九五年、八六一頁以下）および der, *Gesellschaft der Gesellschaft*, Frankfurt am Main 1997, S.171ff.,（ニクラス・ルーマン『社会の社会 I』（馬場靖雄、赤堀三郎、菅原謙、高橋徹訳）法政大学出版局、二〇〇九年、一八三頁以下）、をも参照されたい。

（13） プロテスタンティズムの倫理と資本主義の精神で考えるならば、天職という概念が、資本主義という利益追求を旨とするロジックにプロテスタンティズムの理念を読み込む（回収する）ことを可能にし、そこで獲得された「職業倫理」ないし「世俗内的禁欲」というエクリチユールが、資本主義のロジックのなかで（宗教的なコンテクストから離れて）暴走＝自律的に展開していくということである。

(14) Vgl. Haferkamp, Hans, und Schmid, Hans, *Sinn Kommunikation Soziale Differenzierung: Beiträge zu Luhmanns Theorie sozialer Systeme*, Frankfurt am Main 1987, S.317. および Holenstein, B. Elmar, *Von der Hintergehbarkeit der Spreche*, Frankfur am Main 1980,（エルマー・ホーレンシュタイン『認知と言語――現象学的探求』村田純一、柴田正良、佐藤康邦、谷徹訳、産業図書、一九七四年）で言われているところの「背後遡及不可能性（Unhintergehrbarkeit）」を参照。

(15) たとえば、リスクのコントロール（リスクを回避しようとする試み）は、リスクを産出する。この点について「リスク戦略」（土方透、A・ナセヒ共編著『リスク――制御のパラドクス』新泉社、二〇〇二年）所収、一二―一四頁参照。

(16) たとえば殺人に関する規定を見た場合、そこに書かれているのは「汝、殺すなかれ！」という戒律ではない。どのような場合は殺しても免責されるかが同時に記されている（「違法性阻却事由」）。たとえば業務上の正当行為、正当防衛、緊急避難、そして戦争など。そして日本の場合には、殺人者には死刑すら科すことができる。どこに「殺すなかれ」との戒律が示されているのだろうか。ここで示されていることは、なにが法的であり、なにが法的でないか、という区別の議論である。法的に許されている殺人と法的に許されていない殺人とが分けられる。

法的であるが否かが問題であり、殺人がそのものとして問題にされているのではない。前掲、土方『法という現象』（ミネルヴァ書房、二〇〇七年）、一二六頁参照。

(17)　土方透「リスク処理社会」一七九―一八〇頁（土方・ナセヒ前掲『リスク』所収）および Hijikata, Toru, „Gesellschaftliche Risikoarbeitung“, in: Hijikata, Toru, u. Nassehi, Armin, (Hrsg.), *Riskante Strategien: Beiträge zur Soziologie des Risikos*, Westdeutscher Verlag 1997, S.154ff.

(18)　「運命」を社会科学として積極的に読み込むものとして、前掲　土方、ナセヒ『リスク』所収のW・リップの「運命」に関する論考「リスクと責任と運命について――その関連性とポストモダン」そのドイツ語版、Lipp, Wolfgang, *Risiko, Verantwortung, Schicksal: Positionen einer Ethik der Postmoderne*（in: *ebenda,* Hijikata u. Nassehi.）およびこれに対するフランクフルター・アルゲマイネ紙に書評（Geyer, Christian, „Auf verlorenem Posten: Was hat das Schicksal in der Soziologie zu suchen?“, in: *Frankfurter allgemeine Zeitung*, 17. 9. 1997）を参照。また、科学（医学）の限界にあたっての人間の合理的行動について、拙稿「ドイツ社会における医療――社会学から見た医療リスク」（『安全医学』Vol. 3, 2005）を参照されたい。

(19)　「中間考察」、前掲ヴェーバー『宗教社会学論選』、一四七―一四八頁。

【資　料】

聖学院大学総合研究所が開催したマックス・ヴェーバーおよび隣接するテーマに関するシンポジウム、セミナー、講演会、研究会の記録、論文などを掲載した『聖学院大学総合研究所紀要』（以下、『紀要』と略記）の号数、およびその他出版物一覧。

一九九〇年
『紀要』第1号
・J・マッテス「アジアにおけるキリスト教——宗教の比較考察」（土方透訳）

一九九一年
『紀要』第2号
・J・ヴァイス「宗教史から宗教社会学へ——エルンスト・トレルチとマックス・ヴェーバー」（土方透・荒木忠義訳）
特集「ヴェーバーとトレルチの宗教社会学をめぐって」
・F・H・テンブルック「マックス・ヴェーバーの宗教社会学——過去と現在」（小林純訳）

・J・マッテス「マックス・ヴェーバーとドイツの宗教社会学」（土方透・荒木忠義訳）
・近藤勝彦「エルンスト・トレルチにおける『人格と宗教』」

一九九五年

『紀要』第7号
・P・コスロフスキー「宗教・経済・倫理」（鈴木伸太郎訳）

一九九六年

『紀要』第8号
・S・コールバーク「理念と利害関係――マックス・ヴェーバーの現世外救済宗教の起源論」（柴田史子訳）
・S・コールバーク「ヴェーバーの『プロテスタンティズムの倫理と資本主義の精神』の社会学理論への貢献について――アメリカ社会学が逃した機会」（井口吉男、土居充夫訳）
・近藤勝彦「自由の伝統とプロテスタンティズム――ヴェーバー、セイバイン、カイパーの理解をめぐって」

『紀要』第9号

・C・ザイファート「マックス・ヴェーバーにおける死の理解」（荒木忠義訳）
・C・ザイファート「ドイツにおけるマックス・ヴェーバー研究の現状」（茨木竹二訳）
・田中豊治「ヴェーバー理論における市民的自由」

一九九七年

『紀要』第11号

・W・リップ「スティグマ（聖痕）とカリスマ——社会の境界行動について」（土方透訳）
・J・ヴァイス「『プロテスタンティズムの倫理』論文の両成稿——比較解読の必然」（茨木竹二訳）

一九九九年

『紀要』第15号

・田中豊治「ヴェーバー理論におけるイギリスの市民社会と国家」
・S・コールバーク「トクヴィルとヴェーバー——アメリカ民主主義の政治文化にみる『市民』の社会学的起源」（矢野和江訳）

『紀要』第16号

・W・シュヴェントカー「マックス・ヴェーバーと日本近代化論」（近藤正臣訳）

『紀要』第17号

・肥前栄一「マックス・ヴェーバーのロシア革命論――ロシアにおける市民と国家」

二〇〇一年

『紀要』第23号別冊

・関口尚志、柳父圀近、梅津順一、W・シュヴェントカー「大塚久雄における『歴史と現代』」

・W・シュヴェントカー「一九二〇年以降のヨーロッパ社会科学へのヴェーバーの影響」（近藤正臣訳）

深井智朗・フリードリッヒ・ヴィルヘルム・グラーフ編著『ヴェーバー・トレルチ・イェリネック――ハイデルベルクにおけるアングロサクソン研究の伝統』（聖学院大学出版会）

二〇〇三年

『紀要』29号別冊「市民とは何か――現代市民社会論の現状と課題」
・M・スタックハウス「現代アメリカにおける市民社会、国家および宗教」（相澤一訳）
・S・コールバーク「アメリカにおける市民的領域――その文化的諸期限と現代の政治文化への影響」（大澤麦訳）
・古矢　旬「アメリカの市民と日本の「市民」――一つの比較」

二〇一二年――

『紀要』51号
・S・コールバーグ「現代社会は画一的で自由のない鉄の檻なのか。アメリカ政治文化の今日の内的ダイナミズムを定義するのにマックス・ヴェーバーを用いる。」（森川剛光訳）
・S・コールバーグ「異文化間の誤解と外交政策への政治文化の影響。アメリカ合衆国とドイツ」（森川剛光訳）
・フリードリヒ・ヴィルヘルム・グラーフ「ミュンヒェンで発見された『オットー・バウムガルテンによるヴェーバー夫妻の結婚式説教』をめぐって」（深井智朗＋津田謙治＋小柳敦史訳）

《その他記録》

◇　講演会

「マックス・ヴェーバーと私の研究史」内田芳明（横浜国立大学名誉教授）（聖学院本部新館、二〇〇五年六月二十四日）

◇　国際シンポジウム

「マックス・ヴェーバーをどう読むか」（メトロポリタンプラザ会議室、二〇〇七年十月八日）

【プログラムⅠ】　司会　深井智朗（聖学院大学総合研究所准教授）

・「ヴェーバーの『プロテスタントの倫理』と神学――マックス・ヴェーバーの『プロテスタントの倫理』説はなぜ今日の神学にとってこれほど決定的な意味をもつのか?」Ｆ・Ｗ・グラーフ（ミュンヘン大学プロテスタント神学部教授）

・「社会学者の応答」田中豊治（聖学院大学総合研究所客員教授）

・「マックス・ヴェーバーに対する神学的問い――『神なきピューリタン』でよいのか」近藤勝彦（聖学院大学大学院特任教授・東京神学大学教授）

【プログラムⅡ】　司会　藤原淳賀（聖学院大学総合研究所准教授）

・「マックス・ヴェーバーと日本――宗教社会学と、支配の社会学の視座で」柳父圀近（東北大学大学院法学研究科教授）

・「資本主義と宗教の衰退?　ヴェーバー・テーゼのもう一つの読み方」梅津順一（聖学院大学政治経済学部教授）

・「禁欲か神秘主義か――マックス・ヴェーバーにおける宗教の近代」深井智朗（聖学院大学総合研究所准教授）

通訳　近藤正臣（大東文化大学経済学部教授）

あとがき

本書は、二〇一〇年十一月二十三日に行われた国際シンポジウム「現代社会におけるポスト合理性の問題――ヴェーバーの遺したもの」(聖学院大学総合研究所主催、於、池袋メトロポリタンプラザ)をもとに、それを展開するかたちで、さらに論考を収めたものである。一九八八年に創設された同研究所は、ドイツの社会学を中心とする一連の国際シンポジウム・研究会を開催してきた。その一つの核に、巻末の資料に挙げたヴェーバーに関する学術研究プロジェクトがある。本シンポジウムは、その締めくくりに位置する。

近年、ポストモダンの主張はもとより、近代に対するある意味での反省的なディスコースが頻繁になされるようになった。ヴェーバーの「脱-呪術化(脱-魔術化)」は、少なくともヨーロッパにおける「近代化」を意味していたといってよいであろうし、さらに厳密な検討と定義が必要であることは認めたうえで、「合理性」ないし「合理化」の問題も、その流れで捉えられてきた。こうした理解は、近代を語るうえで主導的な役割をしてきた。したがって、およそ近代に対するあらゆるディスコースには、皮相的であれ根本的であれ、ヴェーバーとともに理解されているところのかかる見解が前提となっている。

一方、ヴェーバーが念頭に置いていた社会と、現代のそれとは、当然それ相応に異なっている。

そのかぎりでヴェーバーの理論装置そのままをもって把握できない「余白」が出てくる。その「余白」を、本書においては、ヴェーバーの理論に定位しつつ、その理論それ自体として描出することを試みた。言い換えれば次のようになる。そもそも本書で扱っているテーマは、ヴェーバーの議論のなかで、そのものとして検討されたものではない。本書における検討を通して、抽出されたものである。つまり、理論の適用が、その理論の限界を突破し、新たなカテゴリーのもとに昨今の（すなわち当の理論において想定されていなかった）事態を（現象としてではなく）学問的に浮き彫りにしたのである。ヴェーバーに始まり、ヴェーバーを経由することで、ヴェーバーを飛び出た記述の展開である。

　したがって、本書副題である「ヴェーバーの遺したもの」とは、ヴェーバーの理論そのものが「生み出したもの」であり、「産み落としたもの」である。こうした産出はつねに連続してなされる。それは、理論というものが、その対象を記述しようとするかぎり、つねにこうした産出を同時並行的に行うからである。理論による観察行為・記述行為そのものがテキストたる対象に影響を及ぼし、それによる対象の側における「動揺」が、かかる行為者の側において観察可能となるという、主体と対象との不確定な関係（W. K. Heisenberg "Uncertainty principle"）が、こうした分析を可能にする。編者として、「ポスト合理性」をテーマにしたこの試みが、どの程度成功したかは読者諸氏の判断を仰ぐしかない。

なお本書の出版にあたって、これまで数々の学術的企画を主導してこられた聖学院大学総合研究所所長の大木英夫先生にお礼を申し上げたい。先生には、研究所開設当初から、いくつもの国際シンポジウムや研究会を実現させていただいた。また研究所創設当初から二十余年にわたり、こうした企画をつねに共にオーガナイズしてきた聖学院大学出版会の畏友山本俊明氏にも感謝したい。氏と二人で招いたドイツの研究者は、何人になるだろうか。さらに編集作業に関して、同じく出版会の花岡和加子氏にお世話になった。大学教員残酷物語とまで言われている昨今の研究環境にあって、彼女の助けなくしては、本書が陽の目を見ることはなかったであろう。ここに記して感謝したい。

癒えることのない震災の惨禍、ユーロの危機、日本の迷走
不断に示唆される新たな不安に埋もれる社会のなかで

二〇一二年二月

土方　透

聖学院大学非常勤講師。2012年４月より、横浜市立大学国際総合科学部准教授。
〔**論文**〕「相互作用過程における『包摂』と『排除』」『社会学評論』第227号（2006）ほか。

佐藤貴史　（さとう　たかし）
1976年生まれ。聖学院大学大学院アメリカ・ヨーロッパ文化学研究科博士後期課程修了。博士（学術）。現在、北海学園大学人文学部准教授。
〔**著書**〕『フランツ・ローゼンツヴァイク ——〈新しい思考〉の誕生』（知泉書館）。

姜　尚中（カン・サンジュン）
1950年生まれ。早稲田大学大学院政治学研究科博士課程修了。現在、東京大学大学院情報学環・学際情報学府教授、東京大学大学院情報学環・現代韓国研究センター長。
〔著書〕『オリエンタリズムの彼方へ —— 近代文化批判』、『マックス・ヴェーバーと近代』（岩波書店）、『ナショナリズムの克服』（共著）、『姜尚中の政治学入門』、『日朝関係の克服』、『在日』、『ニッポン・サバイバル』（集英社）、『悩む力』、『母 —— オモニ』、『愛国の作法』（朝日新聞社）ほか。

荒川敏彦　（あらかわ　としひこ）
1972年生まれ。一橋大学大学院博士後期課程単位取得退学。現在、千葉商科大学商経学部専任講師。
〔著書〕『日本マックス・ウェーバー論争 ——「プロ倫」読解の現在』（共著、ナカニシヤ出版）。『呪術意識と現代社会 —— 東京都二十三区民調査の社会学的分析』（共著、青弓社）。

細見和之　（ほそみ　かずゆき）
1962年生まれ。大阪大学大学院人間科学研究科博士課程修了。人間科学博士。現在、大阪府立大学人間社会学部教授。詩人。
〔著書〕『アドルノ』（講談社）、『言葉と記憶』（岩波書店）、『「戦後」の思想』（白水社）、『ディアスポラを生きる詩人金時鐘』（岩波書店）など。主な詩集に『ホッチキス』（書肆山田）、『家族の午後』（澪標）ほか。

渡會知子　（わたらい　ともこ）
1979年生まれ。大阪大学大学院人間科学研究科博士後期課程単位取得退学。日本学術振興会特別研究員（PD）を経て、2007年から2009年までドイツ学術交流会（DAAD）奨学生としてミュンヘン大学社会学研究所に在籍。

著訳者紹介

土方　透　（ひじかた　とおる）

1956年東京生まれ。中央大学大学院文学研究科博士後期課程修了。社会学博士。現在、聖学院大学政治経済学部教授。

Forschungsinstitiut für Philosophie Hannover, Würzburg大学哲学部等の客員教授を歴任。

〔著書〕『法という現象 —— 実定法の社会学的解明』（ミネルヴァ書房）、『ルーマン —— 来るべき知』（編著、勁草書房）、『宗教システム／政治システム —— 正統性のパラドクス』（編著、新泉社）、『リスク —— 制御のパラドクス』（共編著、新泉社）、*Riskante Strategien:Beiträge zur Sozilogie des Risikos* (Hrsg. mit A.Nassehi) Westdeutscher Verlag.　ほか。

カール・アッハム　(Karl Acham)

グラーツ大学名誉教授。

翻訳された論文として「ヨーロッパの文化と社会の現状について」（塚本正明訳）、「マックス・ヴェーバーと現代」（向井守訳）、『社会学論集』奈良女子大学、1996。「ヴィルヘルム・ディルタイの文化・社会哲学の現代的意義」（斉藤 渉・柳沢貴司・梶谷真司訳）、『人間存在論』（京都大学『人間存在論』刊行会編）第2巻（1996）ほか。

ヨハネス・ヴァイス　(Johaness Weiss)

カッセル大学名誉教授。

翻訳された論文として「宗教史から宗教社会学へ —— エルンスト・トレルチとマックス・ヴェーバー」（土方透・荒木忠義訳）『聖学院大学総合研究所紀要』第2号（1991）。「『プロテスタンティズムの倫理』論文の両成稿 —— 比較解読の必然性と有効性」（茨木竹二訳）『聖学院大学研究所紀要』第11号（1997）ほか。

マックス・ヴェーバーの遺《のこ》したもの
現代社会《げんだいしゃかい》におけるポスト合理性《ごうりせい》の問題《もんだい》

2012年３月23日　初版第１刷発行

編著者　土方　透

発行者　大木英夫
発行所　聖学院大学出版会
〒362-8585　埼玉県上尾市戸崎１－１
電話　048-725-9801
Fax　048-725-0324
E-mail: press@seigakuin-univ.ac.jp

ISBN978-4-915832-96-3　C3010

聖学院大学出版会の本

（価格は税込み）

クェンティン・スキナー著　梅津順一訳

自由主義に先立つ自由

今日支配的な自由理解である「自由とは、政治体制とは関わりない個人的自由である」とする自由主義的理解に対して、十七世紀のイギリス革命において隆盛を極めたネオ・ローマ的自由理解、つまり他者の権力や意思に従属しない自由という理解を掘り起こし、その現代的意義を論ずる。現代における自由の理解に一石を投じた注目の書。

四六判　二五二〇円

978-4-915832-48-2（2001）（4-915832-48-1）

深井智朗・フリードリヒ・ヴィルヘルム・グラーフ編著

ヴェーバー・トレルチ・イェリネック

ハイデルベルクにおけるアングロサクソン研究の伝統

ヨーロッパ近代の問題を理解する際に欠かすことのできない文献としてヴェーバー『プロテスタンティズムの倫理と資本主義の精神』、トレルチ『近代世界の成立におけるプロテスタンティズムの意義』、イェリネック『人権宣言論争』がある。それらは、分野やアプローチは異なるものの、アングロサクソン世界に展開したプロテスタンティズムの意義に注目している。本書は、この主題で開催された国際シンポジウムの記録を編集したものである。

四六判　三七八〇円

978-4-915832-45-1（2001）